나에 대한 관념이 나의 모든 것을 결정한다
네빌고다드 5일간의 강의

네빌 고다드 지음

옮긴이 : 이상민

한양대 법학과 졸업. 2007년 '서른세개의 계단 출판사'를 설립하고, 네빌 고다드의 저작을 비롯해, 실천적 형이상학 관련 도서를 번역하여 출간하고 있다. 주요 역서로는 [네빌고다드 5일간의 강의] [세상은 당신의 명령을 기다리고 있습니다] [믿음으로 걸어라] [웨이아웃] 등이 있고, 저서로는 [네빌링]이 있다.

서른세개의 계단

사색에만 빠진 철학은 삶과의 괴리를 만들고, 현실의 이익에만 눈을 돌린 자기계발은 삶의 의미를 잃고 방황하게 만듭니다. 그래서 실천적인 형이상학, 즉 현실에 도움이 되면서 삶의 의미를 명확하게 할 수 있는 책을 발간하고자 하는 것이 서른세개의 계단 출판사 목표입니다. 계속 좋은 책을 발간하도록 노력하겠습니다.

나에 대한 관념이 나의 모든 것을 결정한다
네빌고다드 5일간의 강의

네빌 고다드 Neville Goddard

1905-1972

네빌 고다드의 삶과 가르침

요약

네빌 고다드(Neville Goddard, 1905년 ~ 1972년)는 영국령 서인도제도 출생의 형이상학자이자 강연자이다. 현재의 수수께끼로 대두되는 끌어당김의 법칙을 1930년대부터 강연했다.

생애

서인도제도의 바베이도스에서 1905년 9남 1녀 중 넷째로 태어났다. 17살이 되던 해 드라마를 배우기 위해 미국으로 건너간다. 댄서생활을 하던 중 친구가 소개해준 책을 통해 형이상학을 접한다. 형이상학에 대한 관심이 높아지던 중 당시 카발라, 성경의 비의적 해석, 히브리어, 상상의 법칙에 대해 강연하던 에티오피아 랍비인 압둘라를 만나게 된다. 그의 강의에 매료된 네빌고다드는 7년 동안 매일 그에게 '법칙'에 관한 것들을 배운다. 그 후 자신이 깨달은 것과 경험한 것을 바탕으로 로스앤젤레스, 뉴욕, 샌프란시스

코를 중심으로 미국 전역에 강연을 한다. 생소했던 강의는 점차 사람들의 눈길을 끌어, 만원사례를 이루게 된다.

법칙

그의 초반 강의의 핵심은 '상상이 현실을 창조한다'는 것이다. 이것을 법칙이라고 말한다.

압둘라는 네빌에게 두 번의 죽음이 올 것이라고 예언했는데, 여기서 죽음이란 과거의 시야에서 벗어나 완전히 새로운 시야를 갖게 되는 경험을 상징적으로 표현한 단어이다.

첫 번째 죽음은 그가 뉴욕에서 바베이도스에 가고 싶다는 소망이 생겼을 때이다. 그는 자신의 상상력을 사용해 소망을 현실로 만들어내는 첫 번째 경험을 하게 된다. 이로써 상상이 현실을 창조한다는 확신을 갖게 되면서 기존에 갖고 있던 미신적 생각에서 벗어나게 된다.

네빌은 압둘라에게 배웠던 '법칙'을 미국 전역에 강의한다. 그러던 중 그는 압둘라가 예언했던 또 한 번의 상징적인 죽음을 맞이하게 된다. 그것은 약속이다.

약속

네빌은 1959년부터 1260일에 걸쳐 일정한 내면의 경험을 갖는다. 그것은 자신 안에서 또 하나의 자아가 깨어나는 신비적이면서 상징적인 경험이었다. 그는 이렇게 말했다.

'나는 이것을 경험하기 전까지는 그 누구에게서 들어본 적도 없었습니다. 이 경험은 그 해 여름에 시작되어 3년 반 동안 진행되었습니다.'

이 경험을 겪은 후 1960년도와 1970년도의 강연에서는 법칙보다 약속을 더 강조했다.

"당신은 상상의 힘을 이용해서 자신의 환경을 바꿀 수 있습니다. 하지만 그것은 영원하지 않습니다. 당신은 상상력을 이용해서, 큰 부를 얻거나, 유명해지거나, 이런 일들을 할 수 있습니다. 하지만 당신이란 존재의 진짜 목적은 단지 이것만이 아닙니다. 바로 약속을 성취하는 것입니다."

삶과 죽음에 대한 관점

그는 죽음에 대해 이렇게 말했다.

"당신은 문을 열고 새로운 곳으로 가게 됩니다. 우린 그 문을 죽음이라고 말합니다. 죽음은 단지 그뿐입니다. 우리가 죽은 즉시, 다시 이 세상처럼 회복됩니다. 지금 이 땅에서 가졌던 것과 같은 문제를 지니면서 그 세상에서도 우리의 정체성을 이어가게 됩니다. 그곳에서도 성장하고, 결혼하고, 이곳에서 지녔던 죽음에 대한 공포도 똑같이 지닌 채 죽습니다. 만약 약속을 경험하지 못한 채 죽음을 겪게 된다면 자신의 과업을 가장 잘 성취할 수 있는 장소를 골라, 그곳에서 태어나 죽고, 태어나 죽고를 반복합니다. 그러다가 결국 당신 안에 그리스도가 태어나면 그때 당신은 부활의 아들이 되어 더 이상은 이 죽음의 세상에 돌아오지 않습니다."

그는 자신이 죽기 전 강의에서 이렇게 말했다. "제게 주어진 시간이 짧다는 것을 전 압니다. 전 이 땅에서 제게 주어진 일들을 다 마쳤기 때문에 이곳을 떠나기를 열렬히 바라고 있습니다. 약속은 이미 제게서 이루어졌기에 전 이 3차원의 세상으로 다시 돌아오지는 않을 것입니다. 하지만 제가 어디에 있든, 저는 지금 이곳에서 여러분들을 알아보는 것처럼 그곳에서도 여러분들을 알아볼 것입니다. 왜냐하면 우리는 사랑이란 무한한 끈 안에 묶여 있는, 하나의 형제이기 때문입니다."

네빌은 1972년 10월 1일에 67세의 나이로 이 땅의 삶을 마쳤다.

압둘라의 또 다른 제자였던 조셉머피는 네빌에 대해 이렇게 말했다.

결국 세상 사람들은
네빌을 가장 위대한 신비가로 기억할 것입니다.

한 청중의 질문에 대한 네빌 고다드의 대답

나에 대한 관념이 나의 모습과 환경을 결정한다

질문: 유년시절에 가난했던 사람이 어떻게 하면 성공할 수 있을까요?

답변: 우리는 습관의 산물입니다. 그래서 일정한 행동들을 계속 똑같이 반복합니다. 습관이란 것이 어떤 이로 하여금 같은 행동을 반복하게 만드는 강제적인 힘처럼 작용한다고 해도, 습관은 법칙이 아닙니다. 법칙이 아니기 때문에 여러분과 저는 그 행동양식을 바꿀 수 있습니다. 헨리 포드, 록펠러 그리고 카네기처럼은 성공한 많은 사람들은 어린 시절에 가난했습니다. 이 나라의 위대한 인물들은 가난한 가정에서 태어났습니다. 하지만 이들은 정치적인 면, 예술적인 면, 경제적인 면에서 많은 위대한 업적들을 남겼습니다.

어느 날 저녁, 친구가 신입 광고 임원들을 위한 모임에 참석했습니다. 강연자는 이 신입들에게 말했습니다.

"오늘밤 여러분에게 말하고 싶은 것은 하나입니다. 여러분 자신을 크게 만들면 실패하지 않을 거라는 이야기입니다."

평범한 어항을 하나 가져오더니, 그 안에 호두 한 봉지와 작은 콩들이 들어있는 봉지 하나를 가져와 어항에 채워 넣었습니다. 그러더니 그것들을 손으로 섞으면서 어항을 흔들기 시작했습니다. 그러면서 강연자는 말했습니다.

"이 어항은 우리의 인생입니다. 인생이 계속적으로 변화되고 살아있는 리듬 속에 있는 것처럼 이 흔들림을 멈출 수는 없습니다. 보세요."

큰 호두가 어항의 위쪽으로 올라가고, 작은 콩들은 어항의 바닥으로 내려가는 것을 볼 수 있었습니다. 강연자는 어항을 바라면서 말했습니다.

"여러분 중 누군가가 지금 현재 상황을 보면서 상황이 왜 이렇게 됐는지 불평하고 있습니까?"

그런 후에 다시 말하기 시작했습니다.

"이상하죠? 그 소리는 여러분이 하는 소리가 아니라 이 어항 안에서 나는 소리군요. 콩이 불평하는 소리군요. 내가 만약 저 호두와 같은 환경에 있었다면 자신 역시 커다란 일을 했을 건데 기회를 잡지 못했다고 말하고 있군요."

그리고 강연자는 어항의 밑에 있던 작은 콩들을 어항의 윗부분으로 옮긴 후에 말했습니다.

"이 콩들을 억지로 어항의 위에다가 놓을 수는 있습니다. 하지만 이 인생의 흔들림을 멈출 수는 없습니다."

그러면서 다시 어항을 흔들기 시작했습니다. 그 작은 콩들은 다시 미끄러져 밑바닥으로 내려가 버렸습니다. 강연자는 또 불평하는 소리를 들었다면서 다시 청중들에게 말했습니다.

"이건 또 무슨 소리죠? 스스로가 자신이 크다고 여기고 있는, 큰 호두들을 어항의 밑바닥에 놓아야 된다고 말하고 있군요. 그렇다면 그렇게 하도록 하죠. 이젠 그 호두도 여러분처럼 제한된 상황에 놓였다고 생각하시죠? 그것들은 지금의 여러분처럼 커다란 일을 할 기회를 박탈당했습니다. 보시죠."

그러면서 강연자는 큰 호두 중 하나를 집어서 어항의 밑바닥에 놓고는 말했습니다.

"여전히 이 어항의 흔들림은 막을 수 없습니다."

하지만 큰 호두는 어항의 꼭대기로 다시 올라왔습니다.

강연자가 말했습니다.

"여러분, 만약 여러분이 살면서 성공하기를 정말 원한다면, 여러분 자신을 크게 만드십시오."

제 친구는 이 메시지를 가슴 깊이 새기고는 자신이 성공한 사업가라는 것을 사실로 받아들이기 시작했습니다. 성공이란 것을 돈으로 판단한다면, 제 친구는 정말 크게 성공한 사람이 되었습니다. 지금 그는 이 뉴욕에서 천명이 넘는 직원이 있는 회사를 운영합니다. 여러 분도 제 친구처럼 할 수 있습니다. 원하는 모습이 이미 되었다는 것을 사실로 받아들이십시오. 그 마음가짐 속에서 걸으시면 그것들은 현실로 드러날 겁니다.

나에게 주어진 유일한 과업은
나의 관념을 위대함으로 채우는 것뿐이다

CONTENTS

네빌 고다드의 생애   6
역자 서문   16

첫째날 강의   의식, 그 유일한 실체   30

사이글   지미퓰러 이야기   72

둘째날 강의   상상이 현실이 되다   80

사이글   압둘라와의 일화   120

셋째날 강의 4차원적으로 생각하기	124
사이글 네빌링 두번째 방법	170
넷째날 강의 변화해야 할 것은 자신뿐이다	176
사이글 믿음으로 걸어라	222
마지막날 강의 생각에 믿음을 유지하라	232
질문과 대답	272

역자 서문

 1933년 11월, 네빌은 돈도, 직업도, 심지어는 입을만한 옷도 없었습니다. 그런데 갑자기 고향인 서인도제도의 바베이도스로 가고 싶다는 생각이 듭니다. 이 고민을 자신의 스승이자 친구인 에티오피아 랍비 압둘라에게 털어놓습니다.

 "압둘라, 정말 이상한 느낌이 들었어요. 12년 만에 처음으로 바베이도스에 가고 싶어졌어요."

 그러자 압둘라가 대답합니다.

 "만약 자네가 가고 싶다면, 자네는 이미 그곳에 있는 것이네."

 너무도 이상한 말이었습니다. 네빌은 분명 뉴욕의 72번가에 있는데 압둘라는 그가 바베이도스에 있다고 말합니다. 압둘라는 덧붙여 말합니다.

 "자네가 이 문을 통해 나갈 때 이젠 더 이상 72번가 거리를 걷는 것이 아니네. 야자수와 코코넛이 줄지어져 있는 거리를 걷는 중이네. 이곳은 바베이도스인 게지. 어떻게 그곳에 가게 될지에 대해서는 나에게 묻지 말게. 자네는 이미 바베이도스에 있네. 이미 자네가 '그곳에 있을' 때, '어떻게'라고 말하지는 않네. 자네는 거기에 있네. 이제 자네가 바베이도스에 있는 것처럼 걸어 나가게."

압둘라는 네빌고다드의 스승입니다. 그는 에티오피아 랍비였고 터번을 둘러쓴 괴상한 모습을 한 흑인이었습니다. 도대체 이 흑인의 눈은 무엇을 보고 있기에 네빌이 집에 가기를 원한다는 말에 저런 괴상한 대답을 할 수 있었을까요? 하지만 그의 허풍스러운 말은 이해하기 힘든 방법으로 실현됩니다.

1800년대 후반과 1900년대 초반 미국사회에서 흑인은 하층민에 속하고, 성공한다는 것은 거의 불가능해보였습니다. 하지만 압둘라는 누구에게나 존경을 받았고, 이분의 강연에는 변호사, 의사, 과학자 등의 엘리트층을 비롯해 많은 사람들이 항상 자리를 채우고 있었습니다. 평범한 흑인, 아니 오히려 더 괴짜처럼 터번을 둘러쓴 이 흑인에게는 왜 다른 흑인들이 느끼던 차별이 존재하지 않았을까요? 신이 만든 자신에게서는 어떤 한계나 결점도 발견할 수 없다는 말을 했던 이 흑인의 자신감은 도대체 어디가 시작이었을까요?

이번엔 한 남자가 전쟁에 끌려가 있습니다. 그런데 집으로 돌아가 강의를 계속해야겠다는 마음이 들었습니다. 여기 이 남자는 자신이 집에 도착한 모습을 마음속에서 그렸습니다. 그리고 생생한 이미지가 되어 그것에 실체라는 느낌이 들고 만족감이 생기자 상상을 그만두었습니다. 며칠 후 이 남자는 집으로 돌아가게 됩니다. 집에 가겠다는 것을 이루고자 한다면 몰래 탈영을 하거나 누군가에게 찾아가 사정을 해야 정상이라고 우리는 생각합니다. 그런데 우리에게는 정상이던 것이 이 책의 진리를 받아들이게 되면 비정상이 돼버립니다. 오히려 습관적인 마음의 반응과 행동들을 바꾸려 듭니다. 바로 그 남자가 네빌 고다드였습니다.

또 지미 풀러라는 한 흑인이 있습니다. 미국에서 흑인이 대우받지 못하던 시대에 그는 네빌의 강의를 들었습니다. 그는 자신이 흑인이기 때문에 사람들이 모두 자신에게 적대적이라고 말합니다. 네빌은 스승 압둘라의 이야기를 들려주면서, 한계란 것은 자신이 세워 놓은 장애밖에 안 된다는 것을 이해시키자 그는 전 재산 45달러로 사업을 시작해 큰 부를 얻게 됩니다. 그 당시에 어떻게 흑인이 성공을 할 수 있나요? 왜 압둘라와 네빌은 그 당시 흑인이라는 사실이 스스로 지어놓은 한계라고 표현한 것일까요? 흑인에 대한 차별은 분명 모든 이들이 세워놓은 한계가 아닌가요? 하지만 네빌은 그렇지 않다고 말을 합니다. 피부색이나 인종, 사람들이 말하는 조건들은 아무런 장애가 되지 못한다고 합니다. 바로 이 괴상한 이야기들을 너무나 당연하게 받아들일 수 있게끔 네빌은 강연을 시작합니다.

  네빌과 그의 스승 압둘라는 이 법칙으로 인생을 충만하게 살았습니다. 그들 삶의 작은 부분 하나하나에는 이 의식의 법칙이 충만하게 실현되고 있었습니다. 이 법칙은 그냥 마음에만 적용되어, 마음의 평안만을 누리려는 법칙이 아닙니다. 일종의 마음의 도피처로 잠시간 기분을 좋게 만드는 진통제가 아닙니다.

  이 책에서는 우리가 외적인 문제를 겪을 때 시선을 향해야 할 곳이 이 외부세상이 아니라 내면의 의식이라고 말합니다. 왜냐하면 세상은 의식이 비추고 있는 그림자에 불과하기 때문입니다. 그림자와 싸우기보다는 완벽해진 의식을 갖춤으로 세상에 그것을 투영해야 한다고 말합니다. 그렇게 하면 기존에 자신을 둘러싸고 있던 환경들은 무너지고, 마음에서 비추는 것에 맞추어 세상은 다시 재건됩니다. 네빌은 이런 말을 했습니다.

"제가 드린 말을 갖고 이 이론을 테스트해 보세요. 그 원리가 작동하지 않는다면 그것을 위안거리로 사용해서는 안 됩니다. 진실이 아니라면 그것을 완전히 버려야 합니다. 저는 그것이 진실이란 것을 압니다. 여러분은 그것이 사실이라고 증명하거나 사실이 아니라고 증명하기 전까지는 알지 못할 겁니다."

분명 우리는 이 진리를 증명할 수 있고 그것으로 삶을 충만하게 바꿔놓을 수 있을 겁니다.

우리는 "상상하는 대로 이루어진다."라는 말을 정말 많이 듣게 되었습니다. 하지만 그것을 현실로 이루기 위해서 상상이라는 것을 이용하려 했을 때 많은 질문들이 쏟아질 겁니다. 무슨 원리가 그 안에 숨겨져 있을까? 라는 근원적인 질문에서부터 시작해서, 영화처럼 상상을 하면 되는 건가? 상상이 안 되는데, 그걸 어떻게 억지로라도 끌어내야 하는 걸까? 언제까지 지속적으로 해야 되나? 라는 아주 실제적인 질문까지 쏟아집니다.

네빌은 이것들에 대해 자세한 답변을 해줍니다. 직접적으로 질문에 대해서 답해주기도 하고 강의를 통해 나타내기도 하지만, 그 단서는 고대문헌의 상징들 속에서 의미를 밝혀줍니다. 그냥 믿으라는 설교식의 강의가 아니라, 자신이 형이상학자이자 법칙의 실천가였기 때문에 원리를 밝혀주고 실천할 수 있게끔 명확히 나타내줍니다.

책을 번역하고 출간하기로 마음을 먹으면서 이 책을 여러 번에 걸쳐 읽게 되었습니다. 처음에 읽을 때의 내용과 지금 읽을 때의 내용은 정말 다르게 와 닿습니다. 정말 저에겐 지금 약간의 조바심이 있습니다. 이 책은 한번 읽고 나서 다 읽었다고 말할 수 있는 책은 아닌 듯합니다. 읽어

감에 따라 제 시선은 보다 내부로 향해 있고, 또 그 시선으로 책을 보면 의미는 한층 달라져 있습니다. 그리고 실제로 법칙을 적용해 나가면서 의미는 또 다르게 다가옵니다. 이렇게 반복해서 읽고 삶에서 적용한다면, 네빌 고다드가 집필한 "부활"을 읽었던 마크 빅터한센이 자신의 삶을 완벽하고 충만하게 변화시켰던 것처럼, 그리고 네빌의 강의를 들었던 많은 사람들이 자신의 인생을 변화시켰던 것처럼, 우리 역시 변화될 겁니다. 분명 우리가 이 진리에 맞춰야만 그런 변화가 찾아올 겁니다. 우리의 잘못된 작은 습관 하나를 버리고, 그 자리를 법칙으로 채워 넣는 데에도 많은 인내와 끈기와 노력이 필요합니다. 다시 네빌의 말을 인용하면서 네빌 고다드의 본격적인 강의를 보겠습니다.

여러분은 "나"라는 것을 바꾸는 것을 아주 순식간에 해낼 수도 있고, 아니면 몇 해가 걸릴 수도 있습니다. 그 기간은 느낌이 자연스럽게 유지되는 것이 좌우합니다. 그 원하는 상태가 자연스럽게 느껴지는 순간, 여러분 세상 안에서 그것들은 모습을 드러낼 겁니다.

 지금 당장 여러분이 가지고 있는 "나"의 느낌을 바꾸기 시작하십시오. 피부 색깔을 바꾸지 않더라도 여러분이 부유하고 성공했다고 느낀다면 말투나 피부색이나 인종적인 문제는 아무런 장애도 되지 않습니다. 그래도 장애가 여전히 남아 있다면 그건 여러분이 머물러 있는 의식상태 때문입니다. 마음이 머물러 있는 상태에 따라 여러분은 자유롭게 될 수도 있고, 속박 속에 머물러 있을 수도 있습니다.

최대한 주석을 자제했고, 주석으로 쓰고 싶었던 말과 네빌 고다드의 강의를 이해하는 데에 필요한 자료들은 http://blog.naver.com/pathtolight 에 올려놓았습니다.

미흡한 첫 책을 네이버 "비욘드 더시크릿 카페"(http://cafe.naver. com/beyondthesecret.cafe)에 공개했을 때에, 뜨거운 성원과 격려를 보내준 비욘드더시크릿 카페 회원님들에게 정말 감사드립니다.

네빌 고다드의 강의를 볼 수 있는 곳
http://blog.naver.com/pathtolight

네빌 고다드의 교정용 가지치기 가위 카페
http://cafe.naver.com/33neville

서른세개의 계단 유튜브 채널

네빌고다드 5일간의 강의

* * *

의식, 그 유일한 실체

상상이 현실이 되다

4차원적으로 생각하기

변화해야 할 것은 자신뿐이다

생각에 믿음을 유지하기

Law : 상상이 현실을 창조한다

원하는 것을 생각해서 이미 원하는 모습이 되었다는 것을
사실로 받아들이십시오.
그 상상이 단단한 실체라는 느낌 속에 푹 빠지십시오.
그 상상의 이미지 속에 실제라는 감각들을 주었다면
여러분은 객관적인 외부 세상에 주어야 할 은총을
주관적인 내면 세상에 준 것입니다.

아이가 태어나는 것이나 씨앗이 자라는 것처럼, 여러분은
더 이상 그 상상들이 현실 속에서 태어나는 것에 대해
어떤 일도 할 필요가 없습니다.
땅 속에 뿌려놓은 씨앗은
그 누구의 도움 없이도 자라납니다.
그 씨앗 속에는 스스로를 펼쳐내는 데에 필요한 권능과 계획들을 모두 가지고 있기에 그렇습니다.

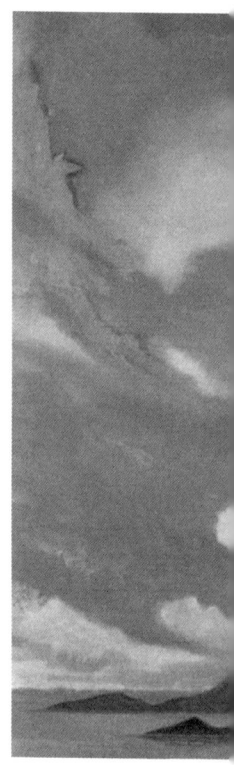

첫째날 강의

의식. 그 유일한 실체

 오늘밤 여러분은 실생활에 굉장히 유용한 것들을 배우게 될 겁니다. 이 수업에 오신 분들 모두, 원하는 것에 대한 뚜렷한 그림 하나씩을 마음속에 지니고 오셨을 거라 생각합니다. 이번 주, 다섯 번에 걸쳐 진행되는 강의동안 여러분의 꿈을 실현하는 기법을 배우게 될 것이고 이 강의를 통해 커다란 이득을 얻게 될 겁니다.

 우선 말해 둘 것이 있습니다. 성경이라는 것은 이전에 살았던 어떤 사람들이나 지구상에 일어났던 어떤 일들과 아무런 관련도 없습니다. 고대에 성경을 쓴 사람들은 역사를 쓴 것이 아니라 어떤 특정한 기본적인 법칙에 역사라는 옷을 입힌 채 우화적인 형태로 교훈을 전달했던 겁니다. 비판적인 태도를 견지하지 못한 대중들에게, 그리고 있는 그대로 잘 믿는 대중들에게 우화의 형식을 빌려서 써내려갔던 것입니다. 수세기동안 우리는 인격화 시킨 것을 하나의 인격체로 오해했습니다. 그리고 우화를 역사로, 교훈을 전달하는 도구들을 교훈 자체로, 겉으로 드러난 내용을 궁극적인 의미로 오해했습니다.

옥수수 알갱이 하나와 그 알갱이 안에 담겨있는 생명의 본질의 차이만큼이나 성경의 외형적인 측면과 그 속에 담긴 진정한 뜻과의 격차는 굉장히 큽니다. 우리 몸의 소화기관은 몸에 흡수돼야 할 음식과 배출해야 할 음식들을 구분할 수 있습니다. 우리의 직관적인 능력도 깨어난다면 소화기관처럼 성경의 우화와 비유 밑에 깔린, 마음에 관련된 생명의 본질을 발견할 수 있습니다. 그리고 이런 능력이 계속 일깨워지면, 우리 역시 메시지를 전달하는 도구에 불과한 성경의 외관을 던져버릴 수 있습니다.

성경이 역사적인 것인가에 대한 이야기를 시작하면 너무 긴 시간이 걸릴 겁니다. 오늘 이 강의는 성경의 이야기를 가지고 마음에 관련된 유용한 해석을 내는 자리이기 때문에, 성경의 역사성에 대한 논쟁으로 시간을 낭비하는 것은 적당하지 않은 듯합니다. 그래서 저는 성경이 역사적인 사실이 아니라는 것을 여러분에게 설명하기 위해 시간을 낭비하지는 않을 생각입니다.

오늘밤 네 가지 이야기를 성경 속에서 뽑아, 고대에 성경을 썼던 사람들이 이 이야기를 통해 말하려했던 것을 보여드리겠습니다. 고대의 스승들은 마음에 관련된 진리를 남근숭배사상과 태양에 관련된 우화를 통해 나타냈습니다. 그들은 현대 과학자들이 아는 것만큼 인체의 구조에 대해 잘 알지는 못했고 현대 천문학자들이 아는 것만큼 하늘에 관해서도 알지 못했습니다. 고대의 스승들은 그런 것에 대해 거의 알지는 못했지만, 현명하게 그것들을 이용해서 그들이 발견한 마음에 관련된 위대한 지혜를 남근숭배사상과 천체의 구조 속에 맞추어서 표현했습니다.

남근숭배사상은 구약에서 많이 찾아볼 수 있습니다. 남근숭배사상, 그 자체는 별 도움이 되지 않기 때문에, 그것을 강조할 생각은 없습니다. 오로지 그것을 어떻게 해석하느냐 하는 것만을 보여 드리겠습니다. 우리는 이 자리에서 성경 속의 이야기들을 가지고 실생활에 유용한 마음에 관련된 해석을 하게 될 겁니다. 그러나 이에 앞서 성경 속의 두 가지 걸출한 이름을 먼저 보겠습니다.

하나는 하느님(GOD) 또는 여호와(Jehovah)로 번역되는 것이고, 나머지 하나는 우리가 하느님의 아들을 지칭할 때 쓰는 예수(Jesus)라는 이름입니다. 고대인들은 약간의 상징들을 사용해 이 이름들을 만들었습니다. 히브리어라고 불리는 고대 언어는 단지 의사소통을 위해서 고안된 문자가 아니었습니다. 그것은 인간이 발음할 수 없는 신비로운 언어입니다. 수학자들이 더 높은 수학의 상징들을 이해했던 것처럼, 히브리어를 이해했던 사람들은 더 높은 히브리 언어의 상징들을 이해합니다. 그래서 영어가 생각을 전달하는 도구로 쓰이는 것과 달리, 히브리어는 생각을 전달하는 데에 사용한 것은 아닙니다.

고대인들은 신의 이름을 욧 헤 바 헤(JOD HE VAU HE)라고 말합니다. 우리가 사용하는 언어를 사용해서 이 상징들을 설명하겠습니다.

신의 이름 중에서 첫 번째 문자인 욧(JOD)은 손 또는 씨앗을 말합니다. 그냥 손이 아니라 창조자의 손입니다. 만약에 창조자와 그가 창조한 세상을 구분 지을 수 있게 하는 것을 인간의 신체 기관 중에 고르자면, 그것은 바로 손이 될 겁니다. 유인원에게 있는 손과는 다릅니다. 유인원의 손은 음식을 먹을 때나 나무를 타기 위한 목적으로 쓰입니다. 그러나 인간의 손은 무언가를 만들고 어떤 형상을 짓습니다. 그래서 여러분에게 손이 없다면 진정으로 자신을 표현할 수 없습니다. 여기서 지칭하는 손은 만들어내는 자의 손이자 창조자의 손입니다. 이 손은 세상 속에서 만들 것을 정하고 형상을 짓고 창조할 수 있습니다. 고대에 성경을 쓴 사람들은 첫 번째 문자 욧(JOD)을 일컬어 손 또는 모든 창조물들이 태어나는 궁극적인 씨앗이라고 합니다.

두 번째 문자인 헤(HE)로 넘어가보면, 고대인들은 헤(HE)에 창문의 상징을 주었습니다. 창문은 눈입니다. 인간의 몸에는 눈이 있는 것처럼, 집에는 창문이 있습니다.

세 번째 문자인 바(VAU)에는 못의 상징을 주었습니다. 못은 물건들을 하나로 묶는 역할을 합니다. 히브리어에서 접속사 "AND"는 세 번째 문자인 바(VAU)로 씁니다. 만약에 "남자와 여자"라고 말하고 싶다면, 가운데에 바(VAU)를 넣어서 두 개의 단어를 연결합니다.

네 번째이자 마지막 문자인 헤(HE)는 또 다른 창문 또는 눈입니다.

우리가 이해할 수 있는 방식으로 이것들을 설명한다면 눈이며 창문이며 손 등의 방금 설명했던 방식은 잊고, 이렇게 설명할 수 있을 겁니다. 여러분은 지금 여기에 앉아 있습니다. 첫 번째 문자인 욧(JOD)은 여러분의 인식인 IAMness(역주. 나의 존재, 나의 의식을 뜻하는 사전에 없는 듯. I + am + ness를 합성한 단어)입니다. 여러분은 여러분이 존재한다는 것을 인식합니다. 그것은 첫 번째 문자입니다. 이 인식으로부터 인식하고 있는 모든 상태들이 나옵니다. 눈이라고 불리는 두 번째 문자인 헤(HE)는 여러분의 마음 안에서 무언가를 인지할 수 있는 능력인 마음속에 상(像)을 그리는 능력입니다. 여러분은 자신 이외의 어떤 것을 상상하거나 인지합니다. 여러분이 생각 속에 푹 빠져 있을 때에도 생각하는 자인 여러분 자신과 생각하고 있는 대상들이 구분된 존재로서 존재합니다.

세 번째 문자인 바(VAU)는 그렇게 생각한 대상을 나라고 느끼는 능력입니다. 여러분이 원하는 존재가 이미 되었다고 느낄 때, 바로 그 존재를 자신으로 인식할 수 있습니다. 여러분은 원하는 모습이 이미 된 것처럼 행동할 수 있습니다. 그렇게 행동한다면 상상의 세계에서 원하는 것들을 끄집어내어 그것에 바(VAU)를 끼워 넣는 겁니다. 이렇게 해서 창조의 드라마가 완성됐습니다. 여러분은 다른 무언가를 인식하고 나서는, 실제로 이미 그 모습이 됐다고 인식했습니다.

신의 이름 중에 마지막인 네 번째 문자는 또 다른 눈인, 헤(HE)입니다. 그것은 우리가 인식하고 있는 것을 눈에 보이는 외부적인 세상 속으로 드러내는 것을 뜻합니다. 여러분은 외부적인 세상에 대해서는 어떤 것도 할 필요가 없습니다. 여러분이 자신이라고 인식한 것에 맞춰, 외부적인 세상은 항상 스스로를 건설하고 있을 뿐입니다.

그래서 욧 헤 바 헤(JOD HE VAU HE)는 만물이 창조되는 이름입니다. 이것이 없다면 어떤 창조도 일어날 수 없습니다. 그 이름은 지금 여러분이 여기 앉아 있는 동안에도 지니고 있습니다. 여러분은 지금 존재를 인식하고 있습니다. 그렇죠? 정말 그렇습니다. 또한 여러분은 지금 자신 이외의 것을 인식하고 있습니다. 방이나 가구나 다른 사람들 같은 것 말입니다. 또한 여러분은 선택할 수 있습니다. 현재 자신의 모습이 아닌 다른 모습이 되기를 원할 수 있을 겁니다. 아니면 여러분이 눈에 보이는 어떤 것을 소유하기를 원할 수도 있을 겁니다. 다른 모습이 되기를 원할 때, 여러분에게는 이미 그 모습이 된 것을 느끼는 능력이 있습니다. 여러분이 이미 그 모습이 되었다는 것을 사실로 받아들일 때, 신의 이름인 욧 헤 바 헤(JOD HE VAU HE)를 완성합니다. 마음속의 영상이 현실로 드러나는 일은 우리가 신경 쓸 바가 아닙니다. 여러분이 이미 원하는 모습이 되었다는 것을 사실로 받아들인다면 그것은 자동적으로 눈앞에 나타납니다.

자, 다음으로 아들의 이름을 살펴보겠습니다. 아버지께서는 아들에게 세상을 지배하는 권능을 주었습니다. 여러분이 바로 그 아들입니다. 여러분이 성경에 나오는 그 위대한 요수아(JOSHUA), 예수(JESUS)입니다. 우리는 요수아(JOSHUA) 혹은 여호수아(JEHOSHUA)라는 이름을 알고 있습니다. 우리는 이것을 영어로 예수(JESUS)라고 말합니다.

아들의 이름은 아버지의 이름을 닮았습니다. 아버지 이름의 처음 세 글자인 욧 헤 바(JOD HE VAU)는 아들의 이름에도 있습니다. 아들의 이름 안에는 앞서 말씀드렸던 세 글자에다 쉰(SHIN)과 아인(AYIN)이 뒤에 붙어 욧 헤 바 쉰 아인(JOD HE VAU SHIN AYIN)이 됩니다. 앞의 세 글자인 욧 헤 바(JOD HE VAU)에 대해서는 이미 말했습니다. 헤(HE)는 자신 이외의 어떤 다른 것을 인식하는 것을 말하고, 바(VAU)는 여러분이 인식하고 있는 것과 자신을 하나라고 인식하는 것을 말합니다. 여러분은 상상하는 능력을 지니고 있고 그 상상한 것과 하나 되는 능력을 가지고 있기에, 세상에 대한 지배자입니다. 그것은 창조의 힘입니다.

그런데 왜 아들의 이름에는 쉰(SHIN)이란 것이 들어가 있을까요? 그것은 아버지의 무한한 자비 때문입니다. '아버지와 아들은 하나이다.'라는 말에 대해 생각해보십시오. 아버지가 인간이 되는 것을 의식했을 때, 아버지 그 자신에게는 주어지지 않았던 무언가를 인간이라는 상태 안에는 넣어 주었습니다. 아버지는 쉰(SHIN)을 이 목적으로 주었습니다.

쉰(SHIN)은 이빨을 상징합니다. 이빨은 먹어치우는 역할을 합니다. 그래서 내 안에 존재하는 것 중 마음에 들지 않는 것을 먹어치울 수 있는 능력이 아들에게는 있습니다. 나의 무지로 인해 좋아하지도 않는 것을 태어나게 했고, 이제는 그것을 떠나보내기를 원합니다. 만약에 그것을 태워버릴 불꽃이 내 안에 없다면 내가 저지른 모든 실수들과 영원히 함께 살면서, 그런 것들을 만든 것에 대해 비난받게 될 겁니다. 그러나 아들의 이름에는 쉰(SHIN) 또는 불꽃이 있습니다. 그것은 세상 속에 창조했던 것들로부터 아들을 떨어져 나가게끔 합니다. 인간은 자신의 의식 안에 존재하지도 않는 것을 볼 수는 없습니다.

제가 만약 주의를 다른 곳으로 돌려 지금 이 방을 인식하고 있는 상태로부터 벗어난다면, 저는 더 이상 방을 인식하지 않게 됩니다. 제 안에 방을 먹어 치워버린 무언가가 있습니다. 계속 다른 곳에 주의를 놓는다면 그 방은 오로지 나의 외부적인 세상 속에서만 살아 있을 뿐입니다. 아들에게 절대적인 지배력을 준 것은 그의 이름 속에 놓인 쉰(SHIN) 또는 이빨입니다.

왜 아버지의 이름에는 그것이 존재할 수 없는 걸까요? 간단합니다. 아버지 안에서는 어떤 것도 사라질 수 없습니다.

사랑스럽지 않은 것조차 사라질 수 없습니다. 한번 창조된 것은 아버지, 즉 우리 내부에 존재하는 차원적으로 더 위대한 자아 안에 영원히 간직됩니다. 그러나 나의 세상 안에서 모든 잘못들이 영원히 함께 살아있는 것을 원치 않습니다. 그래서 나는 인간이 되었을 때, 나의 무한한 자비로 나 자신에게 무지로 인해 내 세상 속에 만들어낸 것들과 분리될 수 있는 능력을 주었습니다.

이것들은 지배의 권능을 주는 두 개의 이름입니다. 여러분이 이 땅위에 살면서 여러분의 의식이 하느님이고 만물의 근원이고 유일한 실체라는 사실을 알게 된다면 여러분에게는 지배의 권능이 주어집니다. 여러분은 어떤 새로운 모습이 되고 싶다거나 갖고 싶은 것에 대한 욕망이 있을 겁니다. 다행스럽게 여러분에게는 상상 속에서 원하는 모습이 이미 되었다는 것을 느끼는 능력이 있고, 원하는 것을 가지고 있다고 느끼는 능력이 있습니다. 상상이 현실로 나타나는 마지막 결과는 3차원 마음의 능력을 넘어서 있습니다. 그 누구도 알지 못하는 방법으로 그것들은 모습을 드러낼 겁니다.

여러분이 마음의 눈 안에서 이들 두 가지 이름들을 뚜렷하게 볼 수 있다면, 그 이름들은 여러분의 영원한 이름이라는 것을 알게 될 겁니다. 여기 앉아 있는 여러분은 욘 헤 바 헤

(JOD HE VAU HE)이자 욧 헤 바 쉰 아인(JOD HE VAU SHIN AYIN)입니다.

성경의 이야기들은 상상의 힘에 대한 내용들입니다. 실제로는 기도의 방법을 이야기로 만든 겁니다. 기도라는 것은 미래를 변화시키는 열쇠이기 때문입니다. 차원적으로 더 작은 세상인, 지금 우리가 살고 있는 바로 이곳을 변화시키기 위해, 인간이 차원적으로 더 넓은 세상 안으로 들어가는 열쇠를 성경이 주고 있습니다.

기도가 이루어졌다는 것은, 만약에 기도가 아니었다면 이루어지지 않았을 것들이 기도를 통해서 이루어졌다는 것을 말해줍니다. 그래서 인간은 행동을 하게 만드는 근원이자, 방향키를 쥐고 있는 마음이자, 기도를 이루어주는 자입니다.

성경의 이야기들은 생각의 능력에 대한 기존의 믿음에 강력한 도전장을 던집니다. 성경은 마음에 관한 드라마일 뿐, 역사적인 사실과는 무관하다는 것을 여러분 마음속에 각인시켜야 합니다. 약간의 상상력만 가미한다면 성경의 내용 안에서 마음에 관련된 통찰을 쉽게 얻을 수 있습니다.

"하느님께서 말씀하시기를, 우리의 형상을 따라, 우리의 모습을 따라 인간을 만들라. 그리하여 그들로 하여금 바다의 고기들과 하늘의 새들과 가축들과 땅 위의 모든 것들과 땅

위를 기어 다니는 모든 것들을 지배하게 하라. 그래서 하느님께서 그의 형상대로 창조하셨으니, 곧 하느님의 형상 속에서 그를 창조하셨더라." [창세기 1:26, 27]

고대의 스승들은 성경의 첫 부분인 1장 안에 하느님과 인간은 하나이고, 인간은 모든 이 땅 위의 것들을 지배한다는 기본진리를 세웠습니다. 하느님과 인간이 하나라면 하느님은 우리와 떨어질 수도 없고 심지어 가깝게 있을 수도 없습니다. 왜냐하면 가깝다는 말 자체에는 분리되어 있다는 뜻을 담고 있기 때문입니다.

"하느님은 무엇이지?"라는 의문이 떠오릅니다. 하느님은 인간의 의식이자 인간의 인식이며, 인간의 IAMness입니다. 우리가 어떤 행동을 하고 있느냐는 것보다는 우리가 어떤 마음가짐을 갖고 있느냐에 따라 주변 환경들은 형성되기 때문에 인생의 드라마는 마음에 관련된 것입니다. 자기 자신에 대한 관념이 세상 만물의 기초가 됩니다. 자신에 대한 관념대로 행동하게 되고, 자신에 대한 관념대로 경험을 하게 됩니다. 자신에 대한 관념이 모든 것을 결정하기 때문이고 그 외에 어떤 다른 것도 결정할 수 있는 것은 없기 때문입니다. 자신에 대한 관념이 달랐다면, 다르게 행동하고 다른 경험들을 했을 겁니다.

자신의 소망이 이루어졌다는 것을 사실로 받아들임으로써, 인간은 사실로 받아들인 대로 미래를 바꿉니다. 사실로 받아들인 것들은, 비록 당장 현실에서는 거짓처럼 보일지라도, 사실로 받아들인 느낌을 유지한다면 곧 그것은 현실에서 모습을 드러내기 때문입니다.

우리의 훈련되지 않은 마음은 현실로 드러나지 않은 상태를 현실처럼 받아들이는 데에 어려움을 느낄 겁니다. 왜냐하면 우리의 오감은 그 상상이 사실이 아니라고 말하고 있기 때문입니다. 그래서 감각이 거부하고 있는 상태를 사실로 받아들이기 위해선 잠이나, 잠과 비슷한 상태가 도움이 된다는 것을 고대의 스승들은 발견했습니다. 그래서 고대의 스승들은 인간의 첫 창조에 대한 이야기를 만들 때 인간이 깊은 잠 속에 빠져있는 것으로 표현했습니다. 이 이야기는 모든 미래의 창조행위에 대한 모범을 보여줍니다. 뿐만 아니라 세상을 창조하는 데에 필요한 것은 자기 자신밖에 없다는 것을 나타냅니다.

"그리고 하느님(인간)께서 아담을 깊은 잠에 빠지게 하시니, 그가 잠에 들었더라. 그리고 하느님께서 그의 갈비뼈를 하나 취하시고, 살로 거기를 채우시니라. 하느님께서 남자에게서 취하신 그 갈비뼈로 여자를 만드시니라." [창세기 2:21, 22]

하느님이 남자를 위해 여인을 창조하기 전에, 아담에게 들판의 짐승들과 하늘의 새들을 데려와서 아담에게 이름을 짓게 했습니다.

"아담이 모든 생물들을 무엇이라 부르든지 그것이 그 이름이 되리라."

성경에서 창조를 일으키는 것으로 표현된 넓적다리에 대해서 성서의 색인이나 성경 사전을 찾아본다면 그것이 넓적다리와 관계없다는 것을 발견할 겁니다. 성경에 넓적다리로 나온 것은 넓적다리 위에 붙어 있는 창조할 수 있는 힘이 있는 말랑말랑한 부분(성기)을 말합니다.

성경을 쓴 사람들은 마음에 관한 위대한 진리를 나타내기 위해서 이런 남근숭배사상을 사용했습니다. 천사는 하느님의 메신저입니다. 여러분 의식이 하느님이라는 사실을 발견하기만 한다면 여러분은 하느님이 됩니다. 지금 여러분은 마음속의 이상, 즉 메시지를 가지고 있습니다. 여러분은 그 이상과 씨름을 하고 있습니다. 여러분이 마음속에서 원하는 존재가 이미 되었단 것을 모르고, 또한 여러분이 그렇게 될 수 있다는 것조차 믿지 못하기 때문에 싸움을 하고 있는 겁니다. 원하고는 있지만, 그렇게 할 수 있다는 것을 믿지 못합니다.

누가 천사와 씨름을 하였나요? 야곱(Jacob)입니다. 야곱은 찬탈자를 뜻합니다. 여러분은 자신을 변화시켜 현재의 이성과 감각이 거부하고 있는 존재가 되기를 원합니다. 여러분이 원하는 모습과 하나 된 것을 느끼려고 애쓰면서 그것과 씨름을 하고 있을 때, 여러분 안에서는 야곱과 천사가 씨름을 하는 성경의 이야기가 펼쳐집니다. 여러분이 원하는 이상과 하나가 되었다고 실제로 느끼게 되면, 어떤 것인가가 여러분에게서 빠져나옵니다. 여러분은 이렇게 말할 겁니다. "누가 나를 건드렸는가? 왜냐하면 나한테 힘이 빠져나는 것을 느꼈기 때문이다."

이상과 하나된 것을 느끼는 과정을 성공적으로 마친다면, 씨름을 계속할 수 없습니다. 마치 어떤 육체적인 창조행위(성행위)를 마친 것처럼 그렇습니다. 성공적으로 기도를 한 후에는 육체적인 창조행위를 하고 난 후처럼 힘이 빠집니다. 여러분이 만족을 느끼게 되었다면 더 이상 갈구하지 않게 되는 원리와 같습니다. 만일 욕구가 계속 남아있다면 여러분 안에서 이상을 폭발시키지 못했다는 뜻입니다. 원하는 모습이 된 것을 성공적으로 인식하지 못한 겁니다. 그렇게 되면 여러분이 깊은 명상 속에서 깨었을 때에도 여전히 구하고자 하는 것에 대한 갈증은 남아있게 됩니다.

얼마 전까지는 원하는 모습이 되고자 간절히 원했지만 이제는 그것과 하나 되었다는 것을 느낀다면, 더 이상 그 모습처럼 되고자 하는 갈증은 사라집니다. 무언가가 나에게서 오그라들었습니다. 하지만 육체적인 것을 말하는 것이 아니라 나의 감정과 나의 의식 속에서 무언가가 오그라들었습니다. 그것이 바로 인간의 창조행위입니다. 열망하는 마음 안에서 무언가가 오그라들어 더 이상 명상을 계속하고자 하는 마음이 사라집니다. 육체적으로 멈춘 것이 아니라 단순히 마음속에서의 상상행위를 계속할 마음이 없어진 겁니다.

"그대가 기도를 할 때 이미 받았다고 믿어라, 그러면 그대는 받게 될 것이다."

육체적인 창조행위(성행위)를 마쳤을 때, 넓적다리의 오목한 곳에 붙어 있는 근육은 오그라들어 힘이 쭉 빠지고 더 이상 행위를 하지 못합니다. 이와 비슷하게 기도를 성공적으로 끝마쳐 원하던 모습이 이미 되었다고 믿게 되면, 이미 갖고 있다 느끼는 것을 더 이상 구하고자 하는 행위를 할 수는 없습니다. 만족을 느끼는 순간에 육체적이고 심리적인 무언가가 빠져 나가서 적당한 때가 되면 창조의 증거를 가져오게 됩니다.

* * * *

다음으로 볼 이야기는 창세기 38장입니다. 유다(Judah)라는 이름을 가진 왕이 나옵니다. 유다 역시 욧 헤 바(JOD HE VAU)로 시작합니다. 그리고 타마르(Tamar)라는 여인이 나오는데 유다의 며느리입니다.

타마르는 야자수를 뜻하거나 아름답고 용모가 수려한 것을 뜻합니다. 그녀는 우아하고 아름답기에 야자수라고 불립니다. 키가 크고 위풍당당한 야자수는 사막에서도 꽃을 피우고, 그 야자수가 있는 곳에는 항상 오아시스가 있습니다. 만약 사막에서 야자수를 발견한다면, 그 척박한 땅에서 가장 원하던 것, 즉 오아시스를 발견하게 될 겁니다. 그래서 사막을 걷고 있는 사람들에게 야자수 나무를 보는 것만큼 좋은 일은 없습니다.

우리가 이해할 수 있게끔 이 성경의 내용을 표현해보자면, 우리가 찾고자 하는 대상은 야자수입니다. 그것은 우리가 찾아 헤매고 있는 위풍당당하고 아름다운 것입니다. 여러분과 제가 원하는 것은, 그것이 무엇이든, 이 이야기에서 아름다운 타마르로 인격화되었습니다.

그녀는 창녀의 면사포를 쓰고 사람들이 드나드는 거리에

앉아 있습니다. 그녀의 시아버지인 유다왕은 그 옆을 지나가다가 면사포를 쓴 그녀에게 반해, 그녀와 정을 통한다면 후에 새끼 염소 한 마리를 주겠다고 제안합니다.

타마르가 말했습니다. "당신께서 새끼 염소를 제게 주신다는 증표로 무엇을 주실 건가요?" 주위를 돌아보면서 그는 말했습니다. "증표로서 무엇을 원하느냐?" 타마르는 말했습니다. "당신의 반지와 당신의 팔찌와 당신의 지팡이를 주소서."

그래서 유다왕은 자신이 가지고 있던 반지와 팔찌를 빼서 지팡이와 함께 그녀에게 주었습니다. 그리고 그는 그녀와 정을 통했고, 후에 유다왕은 그녀가 자신의 며느리 타마르인 걸 알게 됐습니다. 그리고 그녀는 아들을 낳아 주었습니다.

여기까지가 성경의 이야기였습니다. 이제 해석을 해보겠습니다. 진정한 자신의 것 중에서 선물로 줄 것은 자기 자신밖에 없습니다. 아담이 아담 자신으로부터 여인을 창조하는 첫 번째 창조행위에서도 그랬듯이, 자기 자신 외의 다른 선물은 없습니다. 바라던 것을 창조할 수 있는 것은 오로지 그 자신밖에 없습니다. 다른 것은 없습니다. 같은 의미로, 유다에게도 진정한 자신의 것 중에서 다른 이에게 선물할 것은 자기 자신밖에 없습니다. 반지와 팔찌와 지팡이는 왕권을 상징하는 물건들이기 때문에 이 이야기에서는 유다 자신을 반지와 팔찌와 지팡이로 상징화했습니다.

  유다는 먼저 자기 자신이 아닌, 새끼염소를 주는 것을 제안합니다. 하지만 타마르는 그 자신으로 상징되는 것을 주길 원합니다. "저에게 당신의 반지와 당신의 팔찌와 당신의 지팡이를 주세요." 이것들은 왕을 만듭니다. 유다가 그것들을 줄 때, 그는 자기 자신을 준 겁니다.

  여러분은 위대한 왕 유다입니다. 여러분이 여러분의 타마르를 알아서 세상 안에 여러분과 닮은 아이를 낳으려면 여러분은 그녀에게 들어가서 자신을 아낌없이 주어야 합니다. 제가 안정을 원한다고 가정해보세요. 안정을 얻은 사람을 단순히 아는 것으로 그것을 얻을 수는 없습니다. 단순히 배후에서 줄을 조종함으로써 그것을 얻을 수도 없습니다. 제가 안정적인 상태에 있다는 것을 인식해야만 합니다. 건강함을 원한다고 가정해보겠습니다. 알약이 그 일을 해줄 수는 없습니다. 음식물이나 날씨가 건강을 만들 수는 없습니다. 건강하다는 느낌을 사실처럼 받아들여서 건강하게 되었다는 의식을 가져야만 건강해질 수 있습니다. 신분이 상승되길 원한다면 왕과 대통령 그리고 귀족들을 단순히 보면서 그들의 후광 속에서 사는 것만으로는 나 자신을 높이지 못합니다. 내 자신이 고귀하고 위엄 있게 된 것을 인식하고 원하는 모습이 된 것처럼 행동해야만 합니다.

그렇게 행동할 때, 저는 제 마음을 붙잡고 있는 이미지에 나 자신을 주게 됩니다. 그리고 때가 되면 그녀는 내게 아이를 가져옵니다. 즉, 내가 인식하고 있는 것과 조화된 세상이 건설됩니다.

여러분은 유다왕이고 또한 타마르입니다. 여러분이 원하는 모습이 이미 되었다고 인식할 때 여러분은 타마르입니다. 그렇게 자신을 인식하게 되면 여러분의 욕구는 여러분 주변 세상 속에서 실제로 나타납니다.

성경에 나타난 어떤 사건이든, 그리고 성경을 쓴 사람들이 이야기를 통해 소개하는 어떤 인물이든 우리가 마음 안에 명심해야 될 것은 한 가지입니다. 그것들 모두 개개인의 마음 안에서 펼쳐지고 있는 사건들입니다. 모든 성경속의 인물들은 모두의 마음 안에서 살고 있습니다.

이 이야기처럼 여러분의 자아를 맞추어 가십시오. 여러분의 의식만이 유일한 실체임을 아십시오. 그런 후에 원하는 모습이 된 느낌을 사실로 받아들이십시오. 그리고 여러분의 믿음 그대로 살고 행동하면서, 사실로 받아들인 것에 믿음을 계속 유지하십시오. 항상 이렇게 행동하도록 하십시오.

✳ ✳ ✳ ✳

 세 번째 살펴볼 부분은 이삭과 그의 두 아들, 에서와 야곱에 관한 내용입니다. 한 눈먼 사람이 자신의 둘째 아들에게 속아서 첫째 아들에게 주어야 할 은총을 둘째에게 주는 내용입니다. 이 이야기는 야곱이 자신을 만져보게 하여 자신을 형으로 속이는 데에 성공하는 내용입니다.

 "이삭이 야곱에게 말하기를, 내가 원하노니 내 아들아 내게 가까이 오너라. 네가 과연 내 아들 에서인지 아닌지를 만져(feel)보리라 하더라. 야곱이 자기 아비 이삭에게 가까이 가니 이삭이 그를 만지며 말하기를..... 이삭이 야곱에게 축복하기를 마치고 야곱이 그의 아비 이삭의 면전에서 떠나자 곧 그의 형 에서가 사냥에서 돌아와서.." [창세기 27:21-30]

 이 내용을 지금 다시 재연해보면 많은 도움이 될 겁니다. 다시 한 번 기억해주십시오. 성경의 모든 인물들은 추상적인 생각들이 인격화된 것이므로 그 인격화된 것들을 우리 안에서 대치시켜 보아야 합니다. 여러분은 장님 아버지이자 두 아들입니다.

 이삭은 나이가 많아 눈이 보이지 않는 인물입니다. 자신이 곧 죽을 것을 예감하고 그의 첫째 아들인 거친 털이 많은 소년, 에서를 불러 숲에 나가서 사냥한 고기를 가져오라 말합니다. 둘째 아들 야곱은 매끈한 피부를 한 소년이었는데, 이삭과 에서의 이야기를 우연히 듣게 됩니다. 매끈한 피부의 야곱은 형의 장자 상속권을 갖기를 원했기에 아버지의 염소 떼에서 한 마리를 죽여 가죽을 벗겨냅니다. 그리고는 염소 털이 덮여있는 가죽을 뒤집어 쓴 채, 교묘하게 다가가 아버지를 속여 자신을 에서라고 믿게 만들려고 합니다.

이삭이 말했습니다. "이리 가까이 와서 내가 만질(feel) 수 있도록 하라. 내가 앞을 볼 수 없으니 만질 수 있게 다가오너라." 이 이야기에서 만진다는 것에 주의 깊게 보십시오. 그는 가까이 다가왔고, 아버지는 말합니다. "목소리는 야곱의 것인데, 손은 에서의 손이구나." 에서의 손처럼 거칠거칠 한 것을 느껴보고는 이삭은 야곱에게 축복을 내립니다. 그러자 야곱은 그의 면전에서 떠납니다. 그러자 그의 형, 에서가 사냥에서 돌아옵니다.

이것은 중요한 내용입니다. 이 내용 안에서 마음에 관한 해석을 내리는 것에 대해 걱정하지 마십시오. 여기 앉아있는 여러분은 이삭입니다. 그리고 여러분이 있는 이 방은 오늘날의 에서입니다. 이 방은 거칠고, 여러분 몸의 감각기관들이 방이라고 판단하고 있습니다. 그렇게 감각적으로 인식되는 세상이 바로 성경 속의 에서입니다. 감각들은 여러분이 지금 이 방 안에 있다는 증거를 보여줍니다. 모든 것들은 여러분이 여기 있다고 말하지만, 어쩌면 여러분은 여기 있기를 원하지 않을 수도 있습니다.

같은 방식으로 다른 사물들도 볼 수 있습니다. 여러분이 지금 머물고 있는 이 방은 거칠고 감각적으로 인식되는 세상입니다. 다시 말해 에서로 인격화된 여러분의 아들입니다. 반면에 여러분이 현재 원하는 것들, 즉 여러분의 소망은 매끈한 피부의 상태, 즉 찬탈자인 야곱입니다.

많은 사람들이 하는 것처럼, 주변에 펼쳐진 감각기관으로 느껴지는 세상이 존재하지 않는다고 부인해서 우리 눈앞에 펼쳐진 세상을 사냥터로 보낼 수는 없습니다. 이 세상이 존재하지 않는다고 스스로에게 말하게 되면 이 세상을 더욱 더 실체처럼 만들어 버립니다. 그렇게 하지 마시고, 단순히 지금 이 순간 여러분이 방 안에 앉아 있다는 감각의 영역에서 의식을 제거하고 여러분이 있고 싶은 곳, 즉 여러분이 실제 세상으로 만들고 싶은 곳에 의식을 놓으십시오.

원하는 것에 집중을 하기 위한 열쇠는 원하는 곳을 이곳으로 가져다 놓는 것입니다. 즉, 내가 지금 그곳에 있다고 느끼는 겁니다. 다른 곳을 이곳으로, 후에 일어날 일을 현재로 만들어서 현재 이곳에서 일어나고 있는 일로 만들어 그것들을 실제처럼 느껴야 합니다.

지금 이 순간 이 방에서 피아노를 원한다고 가정해봅시다. 피아노가 다른 곳에 있다고 생각해서는 안 됩니다. 피아노가 여기 이곳에 있는 것처럼 마음속에 영상을 만들어서, 상상 속의 손을 피아노에 놓고 단단한 실체인 것을 느끼십시오. 이렇게 하는 것은 둘째 아들 야곱으로 상징된 잠재적인 상태를 이삭이 느낄 수 있게 가까이 오게 하는 것과 같습니다.

이삭은 눈이 먼 사람입니다. 여러분 역시 눈이 멀었습니다. 왜냐하면 원하는 것들의 이미지를 여러분 감각기관을 통해서 볼 수 없으니까요. 여러분은 오로지 마음속에서 그것을 인지할 수 있습니다. 그러나 그것들을 지금 여기에 일어나는 일로 생각한다면 단단한 실체인 것처럼 느낄 수 있습니다. 이렇게 해서 외부세상 속에 있는 여러분 자신을 잃고 마음안의 세계에 푹 빠져 그것들을 실제처럼 느끼면, 그때 눈을 떠 보십시오.

눈을 떴을 때 어떤 일이 벌어지나요? 얼마 전까지 마음의 눈 안에서 닫아버렸던 방은 사냥에서 돌아와 있습니다. 마음속의 상태를 진실이라 믿으면서 축복을 주고 눈을 뜨자, 그

때 상상 속에서는 실제가 아닌 것처럼 보였던 외부세상이 돌아와 있습니다. 성경처럼 에서의 입을 통해 속았다고 말해주지는 않지만 여러분을 둘러싸고 있는 방의 존재가 여러분이 속았다고 말해주고 있습니다.

원하는 모습이 이미 되었다고 느끼면서, 혹은 갖고 싶었던 것을 가지고 있는 것을 느끼면서 그 상상 속에 푹 빠져 있는 것은 쉽게 말해 자아를 속이는 겁니다. 이 방을 보십시오. 눈을 떴을 때 보이는 이 방이 여러분은 속았다고 말해줍니다. 이 법칙에 대해서 알고 있다면 이렇게 말할 겁니다.

"너의 동생이 와서 교묘하게 나를 속였다 할지라도, 너의 장자 상속권을 이미 동생에게 은총으로 베풀었다. 그것을 도로 뺏을 수는 없다."

달리 말하면 마음속에서 실제라고 생각했던 것들에 믿음을 유지해서 상속권을 돌려주지 않겠다는 말입니다. 여러분은 이미 상속권을 주었고, 그것은 여러분의 외부세상 안에서 드러납니다. 두 가지의 것이 여러분의 방 안에서, 같은 시간에 같은 공간을 차지할 수 없습니다. 마음속의 것들이 실체가 되어 여러분의 주변에서 부활하게 됩니다.

원하는 것을 생각해서 이미 원하는 모습이 되었다는 것을 사실로 받아들이십시오. 그 상상이 단단한 실체라는 느낌 속에 푹 빠지십시오. 그 상상의 이미지 속에 실제라는 감각들을 주었다면 여러분은 객관적인 외부 세상에 주어야 할 은총을 주관적인 내면 세상에 준 것입니다. 아이가 태어나는 것이나 땅 속에 뿌려놓은 씨가 자라는 것처럼, 여러분은 더 이상 그 상상들이 현실 속에서 태어나는 것에 대해 어떤 일도 할 필요가 없습니다. 땅 속에 뿌려놓은 씨앗은 그 누구의 도움 없이도 자라납니다. 그 씨앗 속에는 <u>스스로를 펼쳐내는</u> 데에 필요한 권능과 계획들을 모두 가지고 있기에 그렇습니다.

  이삭이 둘째 아들에게 은총을 내려준 이야기를 오늘밤 여러분 안에서 재현할 수 있습니다. 그리고 가까운 시일 내에 어떤 일이 일어나는지 보십시오. 현재 여러분을 둘러싸고 있는 것들은 무너집니다. 삶의 모든 환경들은 바뀌고 여러분이 생명을 불어넣었던 것들이 도래할 수 있도록 길을 열어줄 것입니다. 여러분이 이미 원하는 모습이 되어 있다는 것을 알고 확신에 찬 채 걸어 나간다면, 그 누구의 도움도 없이 원하는 것들을 현실로 나타낼 수 있습니다.

오늘밤 네 번째로 살펴볼 이야기는 모세가 쓴 책의 마지막 부분입니다. 모세가 그것을 쓰지 않았다고 말을 한다면 세심하게 그 이야기를 읽어보십시오. 신명기의 34장입니다. 누가 이 책을 썼는지에 대해서 성직자들이나 랍비에게 물어본다면 모세가 썼다고 대답할 겁니다.

신명기 34장을 보면 자신의 사망기록을 쓰는 사람을 볼 수 있습니다. 즉, 모세가 바로 그랬습니다. 한 남자가 앉아서 죽은 후에 묘비에 쓰이기 원하는 것들을 썼을 수도 있을 겁니다. 하지만 여기에서 모세는 자신의 죽음에 대한 기록을 스스로 썼습니다. 그리고 그때 모세는 죽음을 맞이하고 완벽하게 자신의 흔적을 지워버려서 후세사람들이 모세가 묻힌 곳을 찾지 못하게 합니다.

"그러므로 주의 종 모세가 주의 말씀대로 모아브 땅에서 죽더라. 주께서 그를 벧프올 맞은편 모아브 땅에 있는 골짜기에 장사하셨으니 오늘까지 그의 묘를 아는 자가 아무도 없더라. 모세가 죽을 때에 일백이십 세였으나 그의 눈이 흐리지 아니하였고, 그의 기력도 쇠하지 아니하였다." [신명기 34:5,6,7]

여러분 역시 모세처럼 내일도 아니고 바로 오늘밤 자신의 묘비를 쓰는 방법을 반드시 배우셔야 합니다. 그리고 완벽하게 여러분의 존재에 죽음을 맞이해서 세상 누구도 그 낡은 자아가 묻힌 곳을 알지 못하도록 해야 합니다.

여러분이 예전에는 아픈 모습을 보였다가 지금은 완치되었다면, 여러분이 아프던 모습만을 보았던 사람은 그 병든 존재가 묻혔던 곳이 어디라고 말할 수 있습니까? 예전에는 여러분이 가난해서 친구들에게 돈을 빌리러 다녔었는데 갑자기 부자가 되어 나타났다면, 가난했던 옛 사람은 어디에 묻었습니까? 여러분 마음의 눈 안에서 가난을 아주 완벽하게 지워버렸기 때문에 여러분은 이 세상에서 그 가난한 자가 묻힌 곳이 어디라고 가리킬 수도, 말할 수도 없습니다. 의식에 완벽한 변형이 일어나서 자신이 부유하다는 사실을 제외하고는 세상에 존재하는 모든 다른 증거들은 깨끗이 지웠기 때문입니다.

신명기 34장의 첫 번째 절에는 인간이 원하는 것을 실현시키는 가장 아름다운 방법이 나타나 있습니다.

"그리고 모세가 모아브 평원으로부터 느보 산까지 올라가고, 여리고의 맞은편에 있는 피스가의 정상까지 올랐더니, 주께서 그에게 길레드의 온 땅을 단까지 보여주시더라."

여러분은 이 구절을 읽고서는 "그래서?"라고 되물을 지도 모릅니다. 그러나 성서색인을 들고 여기 나오는 단어들을 찾아보십시오. 첫 번째 단어인 모세(Moses)는 끌어내는 것, 빼내는 것, 들어 빼내는 것, 꺼내는 것을 뜻합니다. 다른 말로 하자면 인간으로부터 그가 구하고자 하는 것을 끌어내는 힘을 인격화시킨 것이 모세입니다. 존재하는 모든 것들은 내부로부터 주어지는 것이지, 외부로부터 주어지는 것이 아닙니다. 여러분이 이 세상에 객관적인 실체로서 나타내고 싶은 것들은 여러분의 내부로부터 끌어내야 합니다.

여러분은 모아브 평원으로부터 온 모세입니다. 모아브(Moab)라는 단어는 '멤(Mem)'과 '압(Ab)'이라는 두 개의 히브리 단어를 합친 것으로 '어머니-아버지'를 뜻합니다. 여러분의 의식은 어머니-아버지이고, 이 의식은 세상 모든 것들의 원인입니다. 여러분의 IAMness, 즉 여러분의 인식은 이 모아브, 다시 말해 어머니-아버지입니다. 여러분은 항상 이곳으로부터 어떤 것을 끄집어내고 있습니다.

다음 단어는 느보입니다. 성서의 색인사전에서 느보(Nebo)는 예언으로 정의되어 있습니다. 예언은 주관적인 겁니다. 만약 제가 "무엇 무엇이 이루어질 것이다."라고 말한다면 그것들은 마음 안의 이미지입니다. 아직까지 현실이 되지는 못했습니다. 우리는 기다렸다가 이 예언들이 사실인지 거짓인지 확인해야 합니다. 느보를 우리가 흔히 쓰는 말로 바꾸면 소망이나 욕망일 겁니다. 그 소망과 욕망은 올라가기에 힘든 듯 보여서 겉으로 봐서는 그것을 이루어낸다는 것이 불가능하기 때문에, 느보는 산이라고 불립니다. 산은 여러분 머리 위에 우뚝 솟아있는 거대한 존재입니다. 여러분 현재의 모습과는 비교되는 여러분이 원하는 것들을 인격화한 것이 느보입니다.

피스가(Pisgah)라는 단어는 마음속으로 응시하는 것을 뜻하고 여리고(Jericho)는 향기로운 냄새를 뜻합니다. 그리고 길레드(Gilead)는 증거의 언덕을 뜻하고 마지막 단어인 단(Dan)은 예언자입니다.

자, 이제 이것들 모두를 우리가 이해할 수 있게끔 바꿔보면서 고대인들이 우리에게 무슨 말을 하려고 했는지 보겠습니다. 나의 의식이 하느님이라는 사실을 발견합니다. 그리고는 나는 이미 원하는 모습이 되었다는 것을 느껴서 나 자신을 그 모습과 비슷한 모습으로 변형시킵니다. 나는 이 산을 넘을 수 있는 세상전체란 것을 이제 알고 있습니다. 나의 목표를 명확히 합니다. 그 목표를 더 이상 느보라 부르지 않고 욕구라고 부르겠습니다. 내가 원하는 것은 무엇이든지 내가 올라서야 하는 나의 거대한 산, 나의 느보입니다. 나는 피스가의 봉우리에 올라서야 하기 때문에 지금 그것들을 마음속에서 응시하기 시작합니다. 나는 만족한 느낌을 얻을 때까지 마음속에서 원하는 것을 응시해야만 합니다. 만약 만족한 느낌을 얻지 못했다면, 향기로운 냄새를 뜻하는 여리고는 나타나지 않습니다. 내가 원하는 모습이 되었다고 느낄 때, 그 느낌과 함께 오는 기쁨의 감정은 억누를 수 없습니다.

나는 여리고로 상징된 만족한 느낌을 얻을 때까지 내가 원하는 것을 계속 마음속에서 응시해야만 합니다. 만족한 느낌을 얻은 후에는 나의 세상 안에서 그것들을 눈에 보이는 모습으로 드러나게 하기 위해 어떤 일도 하지 않습니다. 왜냐하면 남자, 여자, 아이들, 내 주변 세상 모든 것을 뜻하는 길레드의 언덕이 스스로 증거를 가지고 오기 때문입니다. 주변의 모든 것들은 내가 사실로 받아들인 모습으로 스스로 변모될 것이고 내 안에서 간직하고 있는 모습으로 스스로 변모되어 나타날 겁니다. 내가 사실로 받아들인 모습으로 세상이 변화되어 갈 때 예언은 성취된 것입니다.

지금 원하는 것을 인식하고는 이미 내가 성취했다는 것을 사실로 받아들여 그 확신 안에서 걸어 나간다면 나는 그렇게 될 겁니다. 그래서 낡은 자아에 대한 관념은 완벽하게 죽음을 맞이해서 사람들이 그 낡은 자아가 묻힌 곳이 어디냐고 묻더라도 어느 곳도 가리킬 수도 말할 수도 없습니다. 그리고 난 완벽한 죽음을 맞이하였기에 후손들 역시 내 옛 자아가 묻힌 곳을 찾을 수도 없습니다.

지금 여기 계신 분들 중에도 세상에 드러난 자신의 모습을 완벽하게 변형시켜 친한 친구들조차 알아보지 못하게 될 사람이 있을 겁니다. 저는 예전에 댄서였습니다. 십년 동안 브로드웨이, 보드빌, 나이트클럽 등에서 춤을 췄습니다. 그때 당시 저는 제 친구들과 떨어져 지낸다는 것은 상상조차 할 수 없을 정도였고, 항상 공연이 끝난 후에는 친구들과 만찬을 즐기곤 했습니다. 그 친구들이 없다면 살 수 없다고 생각했었습니다. 그런데 지금은 그들과 함께 지낼 수 없다고 고백해야겠습니다. 이제는 서로에게 공통된 것이 없습니다. 서로 길에서 마주친다고 해도 일부러 반대편으로 걸으려 하고, 만나더라도 서로 이야기할 것이 없기 때문에 냉랭한 만남이 됩니다. 제 예전의 삶은 죽음을 맞이하였기에 제가 옛 친구들을 만난다 하더라도 옛날이야기조차 할 수 없습니다.

그런데 지금까지도 여전히 과거의 상태에 묶여 살면서 점점 더 가난해지고 있는 사람들이 있습니다. 그런 사람들은 과거에 일어났던 일들에 대해 이야기하기를 좋아합니다. 그들은 예전의 자신을 조금도 묻으려 하지 않고 오히려 예전의 낡은 모습에 더 커다란 생명을 불어넣고 있습니다.

지금 현재 내 모습이 내가 원하던 모습이 아니라는 것을 인식합니다. 그러나 나를 변화시키는 법칙을 알고 있기에, 난 내가 이미 원하는 모습이 된 것을 사실로 받아들이고, 이루어졌다는 확신 속에서 걸어 나갑니다. 새로운 존재 안에서 낡은 자아는 죽고 예전의 자아관념과 관계된 것들은 모두 죽음을 맞이했습니다. 낡은 자아의 어떤 부분도 새로운 자아 안으로 가지고 들어갈 수 없습니다. 새 포도주를 오래된 자루에 담을 수 없고 새 헝겊을 헌 옷에 붙일 수도 없습니다. 완전하게 새로운 존재가 되어야만 합니다.

이미 원하는 모습이 되었다는 것을 사실로 받아들이는 데에 있어서 다른 사람의 도움은 필요하지 않습니다. 과거의 나를 묻기 위해서 다른 사람의 도움 역시 필요하지 않습니다. 죽은 자가 죽은 자를 묻게 하십시오. 뒤를 돌아보는 일조차 없어야 합니다. 손에 쟁기를 잡고 뒤를 돌아보는 자에게 하늘나라의 왕국은 주어지지 않습니다.

이것이 어떻게 이루어질 것인가에 대해 자신에게 묻지 마십시오. 여러분의 이성이란 것이 불가능하다고 말하더라도 그런 것은 문제되지 않습니다. 여러분 주변의 상황들이 불가능한 것처럼 보이더라도 그것 역시 문제가 되지 않습니다. 과거의 자신을 여러분이 묻을 필요는 없습니다.

"죽은 자가 죽은 자를 묻게 하라."

새로운 자아의 모습에 믿음을 유지해서 과거의 자아를 묻는다면, 훗날 그 누구도 낡은 자아가 묻힌 곳을 찾을 수 없을 겁니다. 그렇기에 오늘날까지 이스라엘의 어떤 사람도 모세의 묘비를 찾지 못했습니다.

* * * *

오늘 성경에서 네 가지의 이야기들을 뽑아 말씀드리기로 약속드렸는데 여기까지입니다. 이제 남은 것은 여러분이 이것들을 매일 매일의 삶속에서 실천하는 겁니다. 지금 앉아 계신 의자가 여러분이 보시기에는 딱딱해서, 명상을 하며 앉아있기에는 불편해 보이더라도, 상상의 힘을 사용해서 그것을 세상에서 가장 안락한 의자처럼 대할 수 있습니다.

자, 이제부터 여러분이 사용할 기법들을 설명하겠습니다. 여러분은 오늘밤 이 자리에 오기에 앞서, 마음속에 원하는 그림 하나씩을 가지고 왔을 겁니다. 그것들을 이루는 것이 불가능하다고 말씀하지는 마십시오. 그것이 이루어지를 바라지요? 그것을 이루어내기 위해서 상식적인 방법을 사용할 필요는 없습니다. 전적으로 그런 상식적인 범위를 넘어서 있습니다. 의식은 만물의 근원이자 유일한 실체입니다. 따라서 원하는 것들을 우리 의식으로부터 만들어내야 합니다.

사람들은 간단한 것의 중요함을 가볍게 여기는 습관이 있습니다. 이성과 감각들이 사실이 아니라고 거부하고 있는 상태를 마음 안에서 사실로 받아들이기 위해선 잠과 비슷한 상태에 들어가야 한다고 이 자리에서 말해도, 여러분은 이것들을 간단한 것으로 생각해서 어쩌면 중요하지 않다고 여길지도 모릅니다.

어쨌든 고대의 스승들이 발견해서 성경을 통해 우리에게 준, 미래를 바꾸는 간단한 공식은 모든 사람들이 직접 사용해본다면 이것들이 진실임을 알 수 있을 겁니다.

첫 번째 단계는 욕구입니다. 여러분의 목표를 명확하게 하고 원하는 것을 명확하게 아는 겁니다.

자, 다음 두 번째 단계입니다. 원하는 목표가 이루어졌다면 일어날 만한 사건을 떠올려보세요. 그 사건은 여러분이 원하는 것을 이루었다는 것을 나타내고 있어야 합니다. 그 안에서 여러분이 주인공이 되어야 합니다.

세 번째 단계는 몸을 움직이지 말고 잠과 비슷한 상태 속으로 들어가는 겁니다. 그런 후에 여러분이 위에서 구상했던 행동을 하고 있다고 느끼고, 실제로 지금 여기서 그 행동을 하는 것을 상상해야 합니다. 상상 속의 행동에 참여해야만 합니다. 단지 뒤로 물러나서 그 장면들을 보고 있는 것이 아니라, 실제로 그 행동을 하고 있다고 느껴야 합니다. 그래서 마음속의 영상 안에서 느껴지는 감각들이 여러분에게 있어서는 현실처럼 다가와야 합니다. 구상한 장면들은 원하는 것이 성취되었다면 뒤따라 올만한 일이어야 하고, 또한 바라던 것이 이루어졌다는 것을 나타내는 것이어야 합니다.

예를 들어 설명해보겠습니다. 여러분이 승진하길 바란다고 가정해본다면 누군가에게 축하받는 일은 승진 후에 뒤따라올 만한 일입니다. 승진했다면 뒤따라 올만한 사건으로 이렇게 축하받는 장면을 골랐다면 몸을 움직이지 말고 잠과의 경계상태인 졸린(drowsy) 상태를 만듭니다. 그러나 졸린 상태 속에서도 여전히 생각을 조절할 수 있어야 합니다. 애쓰지 않고 의식(attentive without effort)을 기울일 수 있는 상태가 되어야 합니다. 그런 후에 친구가 옆에 서 있는 것을 그립니다. 이제는 여러분의 상상 속의 손을 친구의 손과 잡습니다. 그 손을 단단한 실체처럼 느끼십시오. 그리고 승진했다는 느낌과 어울릴만한 상상 속의 대화를 나눕니다.

여러분의 소망은 지금 이곳에서 이루어졌습니다. 그래서 그 시간은 미래의 저 멀리 떨어진 어떤 때라 생각하면 안 됩니다. 여러분이 승진을 해서 축하를 받는 그 시간은 바로 지금이고 만약 그 장소가 사무실이라면 이곳이 바로 사무실인 겁니다. 그 장소를 이곳으로 만들고 그 시간을 미래가 아닌 지금 현재로 만들어야 합니다. 다시 말해 그 사건을 지금 여기서 겪는다고 생각해야 합니다.

여러분이 지금 여기에서 행동하는 것을 느끼는 것과 영화 스크린에 그 행동을 그리는 것의 차이는 성공과 실패를 결정짓는 중요한 차이입니다. 사다리에 오르는 것을 지금 그려본다면 그 차이를 알 수 있을 겁니다. 눈을 감은 후 사다리가 눈앞에 있는 것을 그린 후에 그것을 실제 올라가는 것을 느껴보십시오.

제 경험상, 마음 안에서 소망이 성취된 것을 나타내는 행동을 할 때, 그 행동을 특정한 범위 안으로 제한시켜 간단한 행동으로 압축시킨 후에, 그 이미지가 현실처럼 느껴질 때까지 계속 반복하는 것이 좋습니다. 그렇게 하지 않는다면 여러분의 주의력은 연상되는 것들을 따라서 이리저리 돌아다니다가 수많은 연상되는 다른 이미지들을 따라가게 됩니다. 결국은 여러분의 의식은 처음에 계획했던 이미지의 장소보다 훨씬 더 멀리로 끌려가 있고 처음에 계획했던 시간보다 몇 년은 더 멀리 떨어진 시간에 머물게 됩니다.

어떤 계단을 올라가는 것이 여러분의 바람이 성취되었다는 것을 나타낸다면 그 계단을 올라가는 행동으로 한정시켜야 합니다. 여러분의 의식이 방황하기 시작한다면 다시금 계단을 올라가는 장면 속으로 다시 의식을 돌려놓고 계단을 올라가는 장면이 현실처럼 단단하고 뚜렷함을 가질 때까지 계속 반복해야 합니다.

감각을 느끼려고 애를 써서는 안 됩니다. 단지 그런 노력 없이 마음속에서 그 생각이 유지돼야만 합니다. 그렇게 노력을 최소화시킨 채 마음을 소망이 성취되었다는 느낌으로 채우십시오.

졸린 상태는 애쓰지 않고 주의력을 갖는 것에 도움을 주기 때문에 변화를 용이하게 만듭니다. 그러나 아예 잠 속으로 빠진 상태가 되면 안 됩니다. 그렇게 되면 더 이상 생각의 방향을 조절할 수 없게 됩니다. 하지만 적당하게 졸린 상태는 여러분의 생각을 조절하는 데에 도움을 줄 수 있습니다.

소망을 이루는 가장 효과적인 방법은 우선 소망이 이미 이루어졌다는 감정을 사실로 받아들인 후에 이완되고 약간은 졸린 상태 속으로 들어가는 겁니다. 그리고 마치 자장가처럼, 소원이 이루어져 더 높은 권능에게 감사하듯이 "감사합니다. 감사합니다. 감사합니다."와 같은 소망이 성취된 것을 나타내는 짧은 문장을 반복하는 겁니다.

  금요일, 이 수업이 끝났을 때 여러분 중 많은 분들이 여러분의 소망을 이루었다고 말할 겁니다. 2주전에 강의를 끝마치고 연단에 내려와 청중들과 인사를 할 때, 135명의 학생들 중 적어도 35명은 제게 소원이 이루어졌다고 말했습니다. 이것이 2주전에 일어난 일입니다. 저는 그들에게 기도의 법칙을 가르쳤을 뿐 어떤 것도 한 것이 없습니다. 여러분도 이 기도의 법칙을 적용하는 것 외에 해야 할 일은 없습니다.

  눈을 감은 채 몸을 움직이지 말고 잠과 같은 상태 속으로 들어가서는 마치 여러분이 어떤 역할을 맡은 배우처럼 그 행동을 하기 바랍니다. 여러분이 바라던 것들을 실제 가졌다면 겪을만한 일을 상상 속에서 경험하십시오. 다른 곳에서 나중에 하고 있다고 생각하지 마시고, 지금 여기에서 경험하고 있다고 만드십시오. 그러면 내부의 위대한 존재는 존재의 더 큰 시야를 사용해서 여러분이 원하는 것을 가져오도록 모든 방법들을 동원할 겁니다. 여러분은 마음속의 영상들을 현실로 드러내기 위한 모든 의무로부터 해방됩니다. 여러분이 이미 마음 안에서 영상들을 그렸고 그것들을 사실로 느꼈다면 여러분의 더 높은 차원의 자아가 그것을 현실로 드러내는 방법을 결정합니다.

단 한순간이라도 여러분의 소원이 성취되기 위해서 다른 이가 상처받을 것이라든가, 누군가가 좌절하게 된다든가 그런 생각을 하지 마십시오. 우리들은 다른 이들에 대해서 너무 많은 걱정을 하며 살고 있습니다. 여러분은 이렇게 물을지도 모릅니다. "만약에 내가 원하는 것을 갖는다면, 다른 누군가가 불이익을 당하는 것이 아닌가요?" 여러분이 모르는 방법들이 있습니다. 그러니 걱정하지 마십시오.

자, 이제부터 긴 침묵의 시간을 가질 겁니다. 눈을 감으세요. 이제 여러분은 원하는 모습이 이미 되었다고 느끼면서 그 마음 안의 영상 속으로 빠지게 될 겁니다. 그래서 이 방에 앉아 있다는 사실조차 완전히 잊게 될 겁니다. 그리고 눈을 떴을 때, 아마도 여러분이 이 방 안에 계속 있었다는 사실에 놀라게 될 겁니다. 여러분이 얼마 전까지만 해도 여러분 자신이라고 느꼈고, 여러분이 갖고 있다고 느꼈던 것들이 눈을 뜨자 사실이 아니었다는 것을 발견했을 때 아마도 놀라게 될 겁니다. 이제 침묵 속으로 들어가겠습니다.

침묵의 시간
여러분은 마음 안에서 자신이라고 느꼈던 존재가 이미 됐습니다. 이것을 다시 상기시켜드릴 필요는 없을 것 같군요.

그것에 대해서 그 누구와도 이야기하지 마십시오. 심지어 자신과도 이야기하지 마십시오. 이미 여러분은 원하는 모습이 되었는데, 그것이 어떻게 이루어질 것인가에 대해서 마음을 계속 쓰시겠습니까?

여러분의 이성이라는 것은 많은 한계에 둘러싸여 있습니다. 지금의 3차원적인 이성을 이 드라마 속으로 갖고 오지는 마십시오. 그것은 알지 못합니다. 방금 당신이 사실이라 느낀 것만이 진실입니다.

그 누구라도 여러분이 그것을 가질 수 없을 것이라고 말하게 하지 마십시오. 여러분이 가졌다고 느꼈던 것, 바로 그것을 얻게 될 겁니다. 여러분이 소망을 성취한 후에, 성취한 일들을 다시금 떠올려보면 지금의 이성적 마음이라는 것은 소망을 성취하는 방법에 대해서 전혀 몰랐다는 사실을 깨닫게 될 겁니다. 분명 그런 생각이 들 겁니다.

여러분은 바로 이 순간 상상 속에서 가졌던 것들을 가지고 있고, 상상 속에서 존재했던 모습이 바로 여러분입니다. 그것에 대해서 그 누구와도 이야기 나누지 마십시오. 그것들이 나타나지 않을까봐 걱정스러운 마음에, 혹은 용기를 얻기 위해서 다른 사람들에게 기대지 마십시오. 그것은 이미 왔습니다. 아버지의 일들은 모든 일들을 가장 완벽하게 해결하는 아버지에게 맡기어 원하는 것들이 여러분 세상 안에서 자연스럽게 일어나게 하십시오.

네빌고다드 법칙의 핵심은 습관적으로 외부의 객관적인 환경에 매몰되어 있는 시선을 내면의 주관적인 소망에 맞추는 것이다. 그래서 지금 습관을 넘어서기까지 인내를 필요로 한다. 다음의 지미퓰러 이야기는 이 인내의 중요성을 다시금 일깨워준다.

지미 퓰러(Jimmy Fuller) 이야기

많은 사람들이 지미 퓰러(Jimmy Fuller)에 대해 알고 있을 겁니다. 4년 전에 지미와 그 아내가 제 강의에 참석했습니다. 그 당시 강의 참석하는 데에 2달러를 받았는데, 지미의 전 재산은 45달러가 전부였습니다.

지미는 3년이 지나고도 제가 가르친 이론을 입증하지 못했고, 그 문제를 가지고 저를 다시 찾아왔습니다. 지미는 자신이 흑인이기 때문에 세상이 자신에 대해 적대적이라 믿고 있었습니다. 저는 지미에게, 그런 한계는 당신의 마음속에 있는 것이고 그렇게 내면에서 받아들인 사실이 밖으로 투영되고 있는 것이라고 말했습니다. 만약에 자신의 피부 색깔에 무관심해져서, 거절당한다는 생각을 버린다면 당신의 모든 꿈들을 이루게 될 것이라고 했습니다. 지미는 과거의 것에 자신을 소모하는 대신에 자신의 현재에 투자를 했습니다.

한 푼도 없이 시작했지만, 올해의 순수익은 250,000 달러에 이르렀습니다. 옛것들 안에서 사라지지 않고 미래로 나아갈 것이라고 믿으면서, 그의 생각과 시간을 과거의 것들에 낭비하는 대신 지금 현재의 순간에 투자했습니다. 지미는 자신이 손대는 것은 무엇이든 금으로 변한다고 말합니다.

지미에게는 세 명의 아이가 있는데 어렸을 때 자신이 느꼈던 한계를 이 아이들이 갖지 않기를 희망했습니다. 그래서 하느님은 사랑이고 너희들을 무척 사랑한다고 가르쳤습니다. 어느 날 저녁, 어린 딸이 굉장히 아프자 두 아들이 기도하면서 말했습니다.

"하느님 감사합니다. 내일 누이가 건강합니다."

두 아이는 그들의 누이가 지금 건강하다는 것을 믿을 순 없었지만, 내일 아침에는 나을 거라고 믿었습니다. 그리고 다음날 그들의 누이는 나았습니다.

그 후에 사내 아이 중 하나가 장난감 대신에 진짜 시계를 원했습니다. 지미는 아이에게, 시계를 가지고 있다는 생각으로 마음을 채우라고 말하자 아이는 곧 그 말을 따랐습니다. 그랬더니 학교 가는 길에 그 시계를 주웠습니다. 이제 아이는 법칙이 어떻게 작동하는지 압니다. 의식 안에서 완벽하게 받아들인 상태는 세상 밖에서 모습을 드러낸다는 것을 깨달았습니다.

지미와 그의 아내는 아이들이 원하는 것들이 있을 때, 자신들을 쳐다보면서 사달라고 하기보다는, 받아들이는 모든 것들을 줄 수 있는 내부의 아버지를 인식하기를 원합니다. 지미는 단지 이 법칙을 받아들인 결과, 자신에게 일어난 많은 놀라운 일들에 대해 말해주었습니다.

어느 날 거실에 앉아서 신형 카딜락 오픈카를 상상했습니다. 그 차를 얻기 위해서 실제적인 노력을 하지 않고, 단지 전화 세 통화를 하고 나서 그날 오후 그 카딜락을 샀습니다.

현재 그는 일하기 위해 자신의 사무실에 가는 대신에, 자신의 종업원들이 주는 좋은 소식들을 앉아서 듣고 있습니다. 지미는 완전히 자신의 피부색에 대해 잊었고 이제는 자신이 흑인이라는 사실에 대해 진실로 축복과 자부심을 느낍니다.

지미는 흥미로울 만한 이야기를 하나 더 해주었습니다. 처분할 부동산이 몇 개 있어서 광고를 냈더니, 한 남자에게서 전화가 왔습니다. "나는 검둥이의 부동산은 원치 않소." 지미는 이 말을 못들은 척 행동했습니다. 오히려 투자가치 있는 다양한 종류의 부동산이 있다고 말했습니다. 일주일 후에 그 남자에게서 다시 전화가 와서는 지미와 만나기를 요구했습니다. 지미를 보고 그 남자는 거의 기절할 뻔 했지만 시간이 촉박했기 때문에 37,000달러치의 부동산을 구입했습니다. 이후로도 이 신사 분은 지미의 부동산을 사는 데에 수만 달러를 썼고, 지미에게 계속 전화를 걸어 뛰어난 투자실력에 대해 고마워했습니다.

- 중략-

이곳은 영원한 진리의 세상입니다. 이 진리는 여러분 존재가 거주하는 모든 차원들에서 작용하고 있는 존재의 법칙입니다. 지미 퓰러가 했던 것처럼 3년 동안 여러분 자신과 씨름을 할지 모르지만, 그렇더라도 이 진리를 당장 배우도록 하십시오.

"나" 안에 들어갈 수 있는 상태들은 무한히 많기 때문에, "나"의 느낌을 어떤 것으로 바꾸는가는 여러분이 선택할 수 있는 것입니다. "나"라는 것은 그것 스스로가 어떤 존재라고 믿는 상태가 아닙니다. 어린 시절의 이 신사 분은 주어지는 것들을 분별하지 않고, 한계들이 주어지면 그것들을 진실이라고 믿고 자신의 존재에 포함시켰습니다. 그런 고정된 생각과 오랜 기간 함께 살아왔던 "나"라는 것으로부터 그동안 쌓아온 한계를 분리시키기까지 3년이라는 시간이 걸렸습니다.

여러분은 "나"라는 것을 바꾸는 것을 아주 순식간에 해낼 수도 있고, 아니면 몇 해가 걸릴 수도 있습니다. 그 기간은 느낌이 자연스럽게 유지되는 것이 좌우합니다. 그 원하는 상태가 자연스럽게 느껴지는 순간, 여러분 세상 안에서 그것들은 모습을 드러낼 것입니다.

지금 당장 여러분이 가지고 있는 "나"의 느낌을 바꾸기 시작하십시오. 피부 색깔을 바꾸지 않더라도 여러분이 부유하고 성공했다고 느낀다면, 말투나 피부색이나 인종적인 문제는 아무런 장애도 되지 않을 것입니다. 그래도 장애가 된다면 그건 여러분이 머물러 있는 의식 상태 때문입니다. 마음이 머물러 있는 상태에 따라 여러분은 자유롭게 될 수도 있고, 속박 속에 머물러 있을 수도 있습니다.

여러분이 자기 연민에 빠진 채 살고 있는데, 어떤 다른 이가 그 상처를 치료해줄 거라고 생각하지 마십시오. 여러분이 갖고 있는 문제에 대해 귀를 기울여줄 상대를 찾을지도 모릅니다. 하지만 그 사람 역시, 너 자신 외에는 그 누구도 너를 치료해줄 사람이 없다는 것을 보여주듯이, 자신의 길로 떠날 것입니다. 여러분이 이 진리를 발견했다면 여러분이 좋아하지도 않은 상태에 있는 자신을 흔들어야 합니다. 그리고는 세상이 존재하기도 전에 아버지가 주셨던, "나"에게 준 선물을 확신에 차서 받아야 합니다.

The Law of Reverse Effort

이 넓은 세상 속에서
사람들이 실패하는 단 한 가지 이유가 있다면,
그것은 현대의 심리학자들이 말하고 있는
'노력하고 있는 것과 상반된 결과가 일어나는 법칙'을
모르기 때문입니다.

소망이 이루어진 느낌을 사실로 받아들일 때,
최소한의 노력으로 해야 합니다.
여러분의 의식의 방향을 통제해야 하지만,
그것은 최소한의 노력으로 해야 합니다.
통제를 할 때, 특정한 방향으로 노력을 기울여
억지로 하려 한다면, 원하는 결과를 얻지 못할 겁니다.
오히려 그 반대의 결과를 얻게 될 겁니다.

둘째날 강의

상상이 현실이 되다

　성경이란 것은 역사와는 아무 관계가 없습니다. 제가 성경에 대해서 이렇게 마음과 관련된 해석을 계속 내리더라도 여러분 중 일부는 여전히 겉으로 드러난 문자에 얽매여 성경을 문자 그대로 해석하려 할 겁니다. 하지만 그렇게 해서는 안 됩니다. 성경은 여러분이 배워온 것처럼 사람이나 사건에 관한 것이 아닙니다. 이 고정된 관념을 빨리 지우는 것이 여러분에게 도움이 될 것입니다.

　오늘도 성경 속에서 몇 가지의 이야기들을 말해보겠습니다. 그러면 이것들을 여러분의 마음 안에서 다시 한 번 재연해보길 바랍니다. 이 이야기들은 마치 이 세상에서 눈을 뜨고 살고 있는 사람들의 이야기처럼 보이지만, 사실은 우리 안의 깊은 자아인 잠들어 있는 나와, 의식을 가지고 깨어있는 나 사이의 이야기라는 것을 마음속에 새기시기 바랍니다.

그것들은 사람으로 인격화되었습니다. 여러분이 그 이야기들을 실제로 적용하려 할 때면, 졸린 상태의 중요성을 생각해야만 할 것입니다.

어제 밤에 말했듯이 모든 창조활동은 잠자는 상태 또는 잠과 비슷한 상태, 잠이 드는 졸린 상태 속에서 일어납니다. 최초의 인간은 아직도 깨어나지 않았다고 어젯밤에 말했습니다. 여러분은 여전히 깊은 잠 속에 빠져 있는 최초인간입니다. 창조자인 여러분은 4차원적인 존재입니다. 그리고 여러분의 집은 잠에 빠진 상태입니다.

* * * *

우리가 오늘밤 첫 번째로 살펴볼 이야기는 요한복음의 내용입니다. 여러분이 이 이야기를 들어보시고, 어제 이야기했던 창세기의 내용과 오늘의 이야기를 마음의 눈으로 비교해 보시기 바랍니다. 역사가들이 주장하기를, 요한복음이 기록되기 3천년 전에 지구 위에서 일어난 일을 적은 것이, 성경의 첫 번째 책인 창세기라고 합니다. 좀 더 이성적으로 이 이야기들을 보면서 혹시 한 작가가 이 두 가지 이야기를 쓴 것이 아닌지 살펴보기 바랍니다. 즉, 영감을 받은 한 작가가 같

상상이 현실을 창조한다

은 이야기를 다르게 표현한 것이 아닌지 말이죠.

이 이야기는 우리에게 매우 친숙한 이야기로, 예수가 재판을 받는 이야기입니다. 요한복음에서 찾아볼 수 있는 내용입니다. 예수는 빌라도에게 끌려왔고 군중들은 예수의 목숨을 원하고 있습니다. 빌라도는 그들에게 말합니다.

"그러나 유월절이면 한 사람을 놓아주는 것이 관례인데, 너희들은 내가 유대인의 왕을 놓아주기를 바라느냐? 그러자 그들이 소리 질러 다시 말하기를, 그 사람이 아니라 바라바이나이다. 그런데 바라바는 강도더라." [요한복음 18:39,40]

빌라도는 누구를 놓아주어야 될지를 정하는 문제에 있어서 선택권이 없었고, 법관으로서 오로지 법을 해석할 수만 있었습니다. 이것이 원칙이었습니다. 그래서 빌라도는 군중들이 원하는 것에 따라야만 했습니다. 빌라도는 군중들의 요구와는 상반되게 예수를 풀어줄 수는 없었습니다. 그래서 바라바를 풀어줬고 예수를 십자가형에 처했습니다.

여러분의 의식이 하느님이라는 사실을 다시 기억하십시오. 하느님 이외에는 아무것도 없습니다. 하느님에게 예수라 불리는 아들이 있다고 했습니다. 그런데 바라바(Barabbas)라는 단어를 성서의 색인사전에서 찾아본다면 두 가지 히브리 단어의 결합이란 사실을 알 수 있습니다. 바(BAR)는 딸 또는 아들, 즉 아이들을 뜻하고 압바(ABBA)는 아버지를 뜻합니다. 바라바는 위대한 아버지의 아들입니다. 그리고 우리는 또한 예수를 하느님 아버지의 아들인 구세주라고 말합니다.

그래서 이 이야기에서는 두 명의 아들이 나오는 겁니다. 에서와 야곱의 이야기에서도 두 명의 아들이 나왔습니다. 진정한 정의는 눈을 가려야만 이루어지는데, 이삭은 눈이 멀었다고 합니다. 이 경우 빌라도는 육체적으로 눈이 먼 것은 아니지만, 판사로서 그에게 주어진 역할은 눈이 멀어야 한다는 것을 암시합니다. 세계의 모든 주요 법원 건물에는 정의를 상징하는 사람이 눈을 가리고 있는 모습을 볼 수 있습니다.

"보이는 것으로 판단하지 말고, 의로운 심판으로 판단하라." [요한복음 7:24]

이 이야기에서 빌라도는 이삭의 역할을 하고 있으며, 두 명의 아들이 등장합니다. 이 이야기에 나오는 인물들을 여러분의 삶에 대입시켜 볼 수 있습니다. 여러분에게 강도 아들이 하나 있습니다. 이 강도 아들은 지금 이 순간에 여러분이 할 수 있는 것들을 훔쳐가고 있습니다. 여러분은 원하는 무언가를 가슴 안에 간직한 채, 오늘 이 자리에 왔습니다. 그랬다면 여러분은 바라바의 무리들 속에서 걸었던 겁니다. 왜냐하면 무언가를 원한다는 것은 원하고 있는 것을 지금 현재

가지고 있지 않다고 고백하는 것이기 때문입니다. 그런데 모든 것들이 다 여러분의 것이기 때문에 무언가를 열망하는 상태 속에서 계속 산다는 것은 자신에게 스스로 강도짓을 하는 것과 같습니다.

무언가를 원한다면, 나는 구세주를 바라보고 있는 것입니다. 하지만 계속해서 무언가를 원하고 있다면 나는 나의 예수, 나의 구세주를 거부하고 있는 겁니다. 무언가를 원한다는 것은 나에게 그것이 없다고 고백하는 것이기 때문이고, "내가 그(I AM He)라는 것을 믿지 아니하면, 그대는 그대의 죄 안에서 죽을 것이다."라는 말이 있기 때문입니다. 이미 주어진 것을 믿지 아니하여 받지 않고, 계속 주어지기를 기도할 뿐입니다. 이렇게 계속 요구하는 상황에서 벗어나, 이미 주어졌다는 것을 믿고 즐겨야 합니다.

이야기 하나를 더 하겠습니다. 이번에는 유월절(Passover) 축제에 관한 내용입니다. 지금 무언가가 변화하려는 중입니다. 무언가가 바뀌어가고 있습니다. 하지만 진정 변화하기 위해서는 지금 의식이 꽉 붙잡고 있는 것을 놓아주어야만 합니다. 여러분이 의식 안에 꽉 잡고 있는 것은 여러분을 지금 있는 곳에 계속 그대로 묶어두려고 하기 때문에 그렇습니다.

태양이 양자리에 들어설 때, 유월절 축제가 열리곤 합니다.

그러나 이것은 진정한 의미의 신비적인 유월절을 뜻하는 것은 아닙니다. 마음에 대한 상징과 관련해서 유월절(Pass over) 축제를 거행한다는 것은 지금의 의식 상태로부터 다른 의식 상태로 건너가는(pass) 것을 말합니다. 저는 바라바를 풀어줌으로써 유월절 의식을 치릅니다.

바라바는 내 안의 세상 속에서 지금 실현시킬 수 있는 것들을 뺏어간 도둑, 강도였습니다. 그리고 내가 원하는 상태는 구세주 예수로 인격화되었습니다. 만약 원하는 모습이 된다면 이전의 나의 모습에서 구원된 겁니다. 만약 원하는 모습이 되지 못했다면 내가 할 수 있었던 것들을 뺏어가는 도둑을 내 안에 가둬두었기 때문입니다.

제가 지금 하고 있는 이야기들은 지구상에 살았던 어떤 사람에 대한 이야기나 어떤 역사에 대한 것이 아닙니다. 이 이야기 속의 인물들은 세상 모든 사람들의 마음속에서 영원히 살고 있습니다. 바라바가 되었든 예수가 되었든, 우리는 항상 둘 중 한 쪽을 살려두고 있습니다. 누구와 함께 하고 있는지는 여러분이 알고 있습니다.

바라바를 풀어주고 예수를 십자가에 묶어야 한다고 외쳤던 군중들을 비난하지 마십시오. 그들은 우리가 유대인이라 말하는 민족이 아닙니다. 그들과 아무런 연관이 없습니다.

우리도 현명하다면, 원하는 모습이 되는 것으로부터 우리를 갈라놓고 분리시키고 소원과 이상에 다다르는 것을 허락하지 않는 마음 상태를 풀어주라고 외치는 군중이 되어야 합니다. 그렇다고 여러분이 오늘밤 예수를 구현해내지 못하고 있다는 말을 하려는 것은 아닙니다. 단지, 만약 아직 이루지 못한 소망이 있다면 그것은 그 소망의 성취를 방해하는 도둑을 여러분이 마음속에 품고 있다는 것을 상기시키려는 것입니다. 그 이름은 바로 바라바입니다.

유월절(Passover) 혹은 과월절(crossing over)이라 불리는 신비적이면서 정신적인 변형을 경험하기 위해서, 여러분은 지금 당장 원하는 이상과 하나가 되어야만 합니다. 그리고 지속적으로 그 이상에 믿음을 유지해야만 합니다. 믿음을 계속 유지해 나간다면 믿음으로 십자가에 이상을 묶어놓을 수 있을 뿐 아니라 어떤 이의 도움도 없이 부활시킬 수 있습니다.

이 이야기의 뒷이야기를 해보겠습니다. 아무도 이전까지 자신이 묻혀있는 무덤의 돌을 치우고 일어난 적은 없었습니다. 그러나 그 누구의 도움도 없이 돌은 치워졌고, 죽어서 묻혀있다고 생각했던 이가 스스로 부활했습니다.

여러분은 이미 원하는 모습이 되었다는 의식을 지니고 걸어 갈 수 있습니다. 그러나 아직은 여러분 의식 속에 만들어

놓은 자신의 모습을 다른 이들이 볼 수는 없습니다. 의식 안에 존재하는 이상적인 모습을 세상 밖으로 나타내기 위해서, 여러분 인생의 문제와 장애들을 제거해달라고 다른 이들에게 부탁할 필요는 없습니다. 여러분의 의식 상태는 스스로 고유한 방식으로 세상에 나타나고, 결국 모두가 그것을 목격하게 될 것입니다.

자, 이제 예수님에 관한 이야기와 이삭과 두 아들에 관한 이야기의 공통점을 알 수 있습니다. 그 이야기들에서 한 명은 다른 이의 자리를 꿰찼고, 사람들은 그를 찬탈자라고 부릅니다. 육십 권 남짓한 성경을 편찬한 이는 왜 야곱을 예수의 선조로 만들었다고 생각하십니까? 성경의 저자는 야곱이 에서의 자리를 빼앗은 인물로 그리면서, 그를 열두 아들의 아버지로 묘사합니다. 그리고 그 다섯째 아들인 유다로부터 요셉이 태어나는데, 이 요셉은 독특한 방식으로 예수의 아버지가 됩니다. 야곱이 에서의 자리를 뺏은 것처럼 예수도 바라바의 자리를 뺏어야만 합니다.

그리고 지금 이 자리에 앉아 있는 여러분도 두 아들의 도전에 직면하게 됩니다. 여러분은 그 중 한 명을 놓아주고 싶어 하는군요. 여러분은 도둑을 풀어주라고 외치는 군중이 될 수 있고, 기꺼이 바라바를 풀어주고 예수를 십자가에 못 박으라 말하는 재판관이 될 수 있습니다. 예수는 골고다에서 십자가형을 받았습니다. 골고다는 생각의 자리이자 머릿속의 특정 장소를 일컫습니다.

유월절(Passover)을 경험하기 위해서, 다시 말해 과거의 자아로부터 새로운 자아관념으로의 이동을 경험하기 위해서는 여러분이 지금 될 수 있는 모습들을 훔쳐가고 있는 현재 자아관념인 바라바를 놓아주어야만 합니다. 그리고는 바꾸고 싶은 새로운 관념을 자신으로 받아들여야만 합니다.

이렇게 하기 위한 최선의 방법은 궁극적 목표와 하나가 되었다는 생각 속에 의식을 두는 겁니다. 여러분이 이미 원하는 존재가 되었다는 것을 사실로 받아들이십시오. 그러면 사실로 받아들인 것은, 비록 지금은 현실로 드러나지는 않았을지라도, 계속 그 믿음을 유지한다면 현실로 드러날 겁니다.

여러분의 낡은 자아관념인 바라바를 놓아주고 성공적으로 예수를 십자가형에 처했는지, 즉 새로운 자아관념을 확고히 하는 것에 성공했는지를 알 수 있는 방법은, 간단하게 여러분이 알고 있는 사람들을 마음속으로 떠올려보면 됩니다. 즉, 여러분이 그 사람들을 볼 때, 이전에 봐왔던 그대로 그들을 보고 있다면 자아관념이 바뀌지 않은 겁니다. 왜냐하면 자아 개념이 변화하면, 여러분과 세상 그리고 타인과의 관계도 반드시 변화하기 때문입니다. 우리는 다른 사람들을 볼 때, 마치 우리가 이미 원하는 모습이 된 것처럼 그들이 우리를 바라보는 모습을 상상해야 합니다. 여러분이 자아 개념을 바꾸면, 사람들은 자연스럽게 여러분의 새로운 자아 개념을 반영하여 다르게 보일 것입니다. 그러므로 정말로 새로운 사람이 되고 싶다면, 먼저 그들이 여러분을 어떻게 바라볼지 마음속으로 그려야 합니다.

우선 여러분이 원하는 이상을 명확히 하십시오. 그러면 바라바를 풀어주고 예수를 십자가형에 처한 후에 부활시킬 수 있습니다. 이제 편안한 의자에 앉아서 긴장을 풀고 잠과 비슷한 상태 속에 빠집니다. 그리고 원하는 모습이 이미 되었다면 겪을 만한 일을 마음 안에서 경험하십시오. 원하는 것이 이루어졌다면 겪을 만한 것들을 상상 속에서 경험해보는 이런 간단한 방법을 통해서 여러분은 도둑인 바라바를 풀어주고 구세주, 즉 여러분의 이상을 십자가에 못 박아 세상에 부활시킬 수 있습니다.

이젠 예수님이 겟세마네 동산에 계실 때의 이야기로 넘어가보겠습니다. "동산"은 황폐한 땅이 아닌, 잘 준비된 장소를 상징합니다. 여러분은 지금 이곳에 와서 마음에 관한 공부를 함으로써 겟세마네라고 불리는 땅을 준비하는 중입니다. 좋은 문학책들을 읽고 아름다운 음악들을 듣고 품격 있는 대화를 하면서 마음을 적절하게 준비하는 일에 매일 시간을 할애하십시오. 사도서간에서 이렇게 말하고 있습니다.

"마지막으로 형제들아, 무엇이든지 참되고, 무엇이든지 정직하며, 무엇이든지 의롭고, 무엇이든지 순수하며, 무엇이든지 사랑스럽고, 무엇이든지 칭찬받을 만한 것이 있거든, 그 덕과 칭찬할 만한 것들을 생각하라." [빌립보서 4:8]

우리 이야기로 돌아와서, 요한복음 18장을 보면 예수께서 동산에 있을 때, 갑자기 군중들이 그를 찾기 시작합니다. 그는 어둠 속에 선 채 말합니다. "누구를 찾고 있는가?"

유다가 대표로 대답해 말하기를, "우리는 나사렛의 예수를 찾고 있습니다." 그러자 음성이 들립니다.

"나는 그이다.(I am He)"

그러자 그 자리에서 수천 명이 땅에 쓰러집니다.

여기서 잠시 이야기를 멈추고, 이 이야기는 바깥세상의 이야기가 될 수 없다는 사실을 다시 상기시켜 드립니다. 왜냐하면 누군가 단지 자신이 찾던 사람이라고 주장함으로 수천 명이 땅에 쓰러질 수는 없기 때문입니다.

성경의 내용을 보면 그 사람들은 땅바닥에 쓰러졌다고 합니다. 그리고 안정을 되찾았을 때, 같은 질문을 다시 합니다.

"예수께서 대답하시기를, 내가 그(He)라고 말했다. 만약에 그대들이 나를 찾는다면, 그들의 길을 가게끔 하라." [요한복음 18:8]

"그리고는 예수께서 그에게 말씀하시니, 그대가 하고자 하는 것을 속히 하라." [요한복음 13:27]

속히 일을 해야 했던 유다는 나가서 자살을 하게 됩니다.

다시 이야기로 돌아와 보겠습니다. 여러분이 잠과 비슷한 상태 속에 있는 동안 의식을 조절할 수 있고 의식이 목적으로 삼은 것으로부터 벗어나지 않고 이리저리 방황하지 않는다면 여러분은 겟세마네 동산에 있다고 말할 수 있고, 달리 말하면 마음을 준비시켰다고 말할 수 있습니다. 그런 상태 속에 있다면 바로 겟세마네 동산에 있는 겁니다.

하지만 공상에 빠지지 않거나 생각에 끌려 다니지 않는 상태 속에서 고요히 앉아 있을 수 있는 사람은 극소수입니다. 여러분 의식이 이리저리 방황하지 않고 구상했던 일정한 장면 안에서 노력 없이(without effort) 머물러 있으면서 그 상상 속의 행동들을 한정시키고, 보는 것에 믿음을 유지할 수 있다면 여러분은 겟세마네 동산에 있는, 확실히 훈련된 존재입니다.

그리고 성경에서 말하는 유다의 자살이란 자아관념이 바

뛰는 것을 말할 뿐입니다. 만약 원하는 것을 발견했다면 여러분의 예수님이자 구세주를 발견한 겁니다. 여러분이 원하는 존재가 된 것처럼 행동한다면 여러분의 이전의 관념들은 죽고(유다의 자살) 예수로서 살게 되는 겁니다.

여러분은 저를 만났고 여러분 현재모습으로부터 구원될 방법을 만났기 때문에 이제는 현재의 모습과 그 존재가 세상 밖으로 표현하던 모든 것들을 떠나보내십시오. 그것들로부터 떠나십시오. 다른 말로 하자면 자아를 죽이십시오.

과거의 자신은 죽음으로 인도하고 누구도 보지 못했던 진정한 자신의 모습에 생명을 주십시오. 이는 여러분 스스로 목숨을 끊는 것과 같습니다. 이전까지 생명을 주었던 것들을 의식에서 떠나보내면서 이전의 존재는 죽음을 맞이하고, 여러분의 동산에서 발견했던 것들에 생명을 줍니다. 이제 여러분은 여러분의 구세주를 발견합니다.

실제 바닥에 쓰러진 사람들도 없으며 누군가를 배신한 사람도 없습니다. 이 이야기는 의식에서 낡은 것들을 보내버리고 완전히 새로운 것에 초점을 다시 맞춘 여러분에 대한 이야기입니다. 이제 여러분은 지금부터 원했던 모습으로 살아가는 겁니다. 그렇게 새로운 자아의 모습에 믿음을 유지해 나간다면 여러분 스스로 죽음을 선택하는 겁니다. 그 누구도 여러분의 목숨을 빼앗지 않습니다. 단지 스스로가 자신의 목숨을 내려놓을 뿐입니다.

  이것은 모세의 죽음과 비교해야만 합니다. 모세는 완벽하게 죽어서, 누구도 그가 묻힌 곳을 찾아낼 수 없었습니다. 이것과 유다의 죽음을 비교해 보십시오. 유다는 예수라는 사람을 배신한 사람이 아닙니다. 유다라는 말은 찬양을 뜻합니다. 찬양하는 것, 감사를 표현하는 것, 기쁨에 환호성을 지르는 것이 바로 유다입니다. 아마도 여러분이 기쁨으로 환호성을 지르기 위해서는 애타게 찾고 있는 것과 하나 되어 그것을 실현시켜야 할 겁니다. 원하던 것이 이루어졌다면 기쁨을 억누를 수 없을 겁니다. 마치 그 기쁨은 구약에서 여리고로 묘사된, 향기로운 냄새처럼 솟아날 겁니다.

  저는 성경의 모든 이야기들이 고대인들이 동일한 이야기를 하려 했다는 것을 보여드리려 합니다. 성경을 통해 우리에게 말하고자 했던 것은 우리가 원하는 모습이 되는 방법입니다. 성경의 모든 이야기들에서 타인의 도움은 필요하지 않다고 말합니다. 진정으로 원하는 것을 이루는 데에 있어서 타인의 도움은 필요치 않습니다.

＊　＊　＊　＊

이제 우리는 구약에 나오는 독특한 이야기를 보겠습니다. 이 이야기를 연단에서 언급할 만큼 대담한 사제들이나 랍비들은 거의 없을 겁니다. 여러분이 여기서 약속을 받은 것처럼 이 이야기에서도 약속을 받은 사람이 있습니다. 그의 이름은 예수(Jesus)입니다. 고대인들은 요수아(Joshua), 여호수아 벤 눈(Jehoshua Ben Nun) 또는 구세주, 물고기의 아들, 깊은 물속의 구세주라고 부릅니다. 눈(Nun)은 물고기를 말하고 물고기는 깊은 물속에 살고 있습니다. 여호수아(Jehoshua)는 여호와(Jehovah)가 구원한다는 뜻이고, 벤(Ben)은 자손(offspring) 또는 '~의 아들(son of)'을 말합니다. 그래서 우리는 예수를 물고기 시대를 가지고 온 사람이라 말합니다.

이 이야기는 성경의 여섯 번째 책인 여호수아서에 있습니다. 마태복음, 마가복음, 누가복음 그리고 요한복음에서 예수가 약속을 받은 것처럼 여호수아 역시 약속을 받았습니다.

요한복음에서 예수는 이렇게 말합니다. "그대가 나에게 주신 모든 것은 그대의 것이나이다." [요한복음 17:7] "그리고 모든 나의 것은 그대의 것이고, 그대의 것은 나의 것이나이다." [요한복음 17:10]

여호수아서에서는 이렇게 말합니다.

"너의 발이 밟는 모든 땅을 내가 너에게 주었느니라." [여호수아서 1:3]

그곳이 어디가 되었든 문제가 되지 않는다고 말합니다. 그 약속이라는 것을 잘 살펴보십시오. 그것을 문자 그대로 받아들일 수 있습니까? 우리의 물리학적인 지식으로는 진실이 될 수 없습니다. 그러나 마음에 관련한 법칙 안에서 바라본다면 진리가 됩니다. 여러분이 마음 안에서 어떤 곳에 서 있다면 그곳이 어디든지 현실이 될 것이기 때문입니다.

여호수아는 그가 밟을 수 있는 곳 어디나, 그의 발 하나가 닿는 곳 어디나 그 땅이 주어질 것이라는 약속에 사로잡혀 있었습니다. 그는 사람들이 여리고라 부르는, 세상에서 가장 이상적인 상태이자, 향기로운 도시이자, 기쁨에 넘치는 상태를 원했습니다.

여리고는 통과할 수 없는 벽으로 둘러싸여 있었습니다. 여러분이 지금 바깥세상 속에서 살고 있는 것처럼 여호수아 역시 여리고의 바깥에 있었습니다. 우리는 3차원적인 시선으로 세상을 보면서 4차원 세상에는 다다를 수 없다고 생각합니다.

하지만 4차원 세상에는 우리들의 소원이 이미 구체적이고 명확한 실체로 존재하고 있습니다. 다만 감각이라는 것이 그 세상을 갈라놓고 있어서 원하는 곳에 다다를 수 없는 듯 보입니다. 이성도 그곳에 도달하는 것은 불가능하다고 말하고 있고 주변의 모든 것들 역시 마음속의 세상은 실체가 아니라고 말합니다.

그래서 이제 창녀이자 스파이인 라합이라는 여인의 도움을 받습니다. 라합(Rahab)은 아버지의 영을 말합니다. '레이스(RACE)'는 숨결 또는 영을 말하고 '압(AB)'은 아버지를 말합니다. 이 창녀는 아버지의 영이며, 아버지는 인간의 의식, 즉 'I AM' 의식입니다. 느낄 수 있는 능력, 이것이 바로 아버지의 위대한 영이자 이 이야기 속에서의 라합입니다.

라합은 두 가지 직업을 가지고 있습니다. 하나는 스파이이고 다른 하나는 창녀입니다. 스파이가 하는 일은 이렇습니다. 은밀하게 돌아다니는 것, 아주 은밀하게 다녀서 누구에게도 들키지 않는 겁니다. 아주 은밀하게 다녀서 완전하게 자신을 감출 수 있는 스파이는 외부 세상에는 한 명도 없습니다. 스파이가 아주 영리해서 자신이 하고 있는 것들을 감추고 정말 잡히지 않을지 모르지만 항상 잡힐 위험을 감수해야만 합니다.

하지만 여러분이 고요하게 앉아 있을 때, 그 누구도 여러분이 마음속으로 어느 곳에 있는지 말할 수 있는 사람은 없습니다. 저는 지금 여기에 있으면서 런던에 있을 수 있습니다. 런던을 잘 알고 있기 때문에, 눈을 감고 실제로 런던에 서 있다고 상상할 수 있습니다. 이 상태를 충분히 유지한다면 제 주변의 환경들은 정말 단단하고 구체적이고 실제적인 사실처럼 펼쳐집니다. 이때 육체는 지금 여기 그대로 있지만 정신적으로는 다른 곳에 가 있는 겁니다. 즉, 저는 저 멀리 떨어져 있는 곳을 바로 이곳으로 만들었습니다. 스파이처럼 몰래 가지는 않습니다. 다만 생각 속에서 멀리 떨어져 있는 곳을 이곳으로 만들고, 나중에 일어날 일을 지금 현재 속에 놓았습니다. 여러분은 저의 의식이 런던에 가 있는 것을 볼 수 없기 때문에 육체적인 모습만을 보고는 제가 잠에 들었고 지금 샌프란시스코, 즉 이 3차원적인 세상 안에 그대로 있다고 생각할 겁니다.

라합의 두 번째 직업은 창녀입니다. 창녀로서 그녀는 사람들이 그녀에게 요구하는 것을 모두 들어줍니다. 사람들의 요구가 정당한지 묻지 않고, 그저 들어주는 것이 그녀의 일입니다. 만약 그녀가 이름처럼 완벽한 창녀라면, 그녀는 모든 것을 가지고 있으며, 사람들의 모든 요구를 충족시킬 수 있습니다. 그녀는 섬기기 위해 존재하며, 사람들의 요구가 정당한지 따지지 않습니다.

원하는 것이 성취되기까지 어떤 경로를 통해서 이루어질지는 모르지만 여러분 내부에는 그 지위를 얻을 수 있는 능력이 있습니다. 사람들이 말하기를 그런 지위를 얻기 위해서는 이런 저런 능력들이 필요하다 말하지만, 그런 능력들 없이 그냥 원하는 것이 이루어진 느낌을 사실처럼 받아들입니다. 그렇게 의식 속에서 원하는 것을 가질 때, 스파이를 고용한 겁니다. 그리고 원하는 것들을 자아에 보냄으로써 여러분 안에서 그 상태들을 실현시킬 수 있습니다. 창녀는 자신을 찾는 사람을 만족시키듯, 여러분도 스스로를 만족시킬 수 있습니다.

여러분은 원하는 존재가 이미 되었다는 느낌을 취함으로써 스스로를 만족시킬 수 있습니다. 그리고 이런 느낌을 계속 진실로 받아들인다면, 비록 지금은 현실에 나타나지 않고 이성과 감각들이 현실이 아니라고 말할지 몰라도, 결국에는 그 모습을 현실에 드러낼 겁니다. 상상하는 것들이 실제와 같이 구체화된 상상이어야 여러분은 만족을 느낄 수 있습니다. 그것들을 만질 수도 없는 것으로 느끼고 구체적인 실체로 인식하지 못한다면, 만족을 느끼지 못하고 좌절하게 될 겁니다.

이 이야기에서 라합이 도시에 들어가 정복할 때, 그녀에게 주어진 명령은 도시의 심장부로 들어가 그곳에서 여호수아가 올 때까지 머무는 것이었습니다. 그리고 그녀는 "집에서 집으로 다니지 말고, 네가 들어간 집의 위층을 떠나지 말라. 만약 네가 그 집을 떠난다면, 그 피는 네 머리에 떨어질 것이다. 그러나 그 집을 떠나지 않으면, 피는 내 머리에 떨어질 것이다."라고 명령을 받았습니다.

라합은 집으로 들어가 위층으로 가서는 여리고를 둘러싼 벽들이 무너지는 동안 그곳에 머물러 있었습니다. 이것은 우리가 최상의 상태로 나아가려면 항상 고양된 기분을 유지해야 한다는 의미입니다. 베일에 싸인 방법으로 벽들이 무너지고 여호수아가 그 도시로 들어왔을 때, 유일하게 살아남은 사람은 스파이면서 창녀인 라합이었습니다.

이 이야기는 우리가 이 세상에서 할 수 있는 것들을 말해줍니다. 여러분에게는 멀리 떨어져 있는 곳을 바로 이곳으로 만드는 능력이 있습니다. 당신은 진실이라고 대담하게 여기는 것을 자신에게 줄 수 있는 능력이 있습니다. 이 능력들은 결코 잃지 않을 겁니다. 이 이야기는 창녀의 이야기가 아닌 바로 우리들의 이야기입니다.

벽이 무너지는 것에 대한 설명은 간단합니다. 나팔이 7번

울리고 7번째 나팔 소리에 벽이 무너지자 여호수아는 그가 원했던 여리고 안으로 승리의 기쁨에 싸인 채 들어갔다고 합니다. 7이라는 숫자는 정적, 휴식, 안식일을 말합니다. 원하는 것이 이미 존재한다는 확신 속에서 흔들리지 않는 상태를 말합니다. 원하는 것을 성취했다는 느낌을 사실로 받아들여 다른 것에 흔들리지 않고 분산되지도 않는 상태 속에서 잠에 든다면, 정신적인 휴식에 들어간 것이고 정신적인 안식일을 거행하고 있는 중이자 7번째 나팔을 불고 있는 중입니다. 벽들은 무너집니다. 나를 둘러싼 주변 환경들은 바뀌고 내가 사실이라고 생각했던 것들에 맞춰서 재건됩니다. 주변 환경들은 무너지고 내 마음속에 지녔던 것들은 부활합니다. 내 안의 고요 속에 도달할 때, 나를 둘러싼 벽들, 즉 장애와 문제는 스스로 무너져 내립니다.

자신의 마음속에 하나의 생각을 고정시켜, 세상이 그 생각을 부정하더라도 그 생각에 충실하게 남아 있는 사람은 결국 그 생각이 실현되는 것을 보게 될 것입니다.

'생각을 잡고 있는 것'과 '생각에 잡혀 있는 것'은 결과적으로 큰 차이가 나타납니다. 생각에 지배되십시오. 그래서 여러분이 이미 그것인 것처럼 마음을 채우십시오. 그러면 다른 사람들이 어떻게 말하든, 여러분의 흔들리지 않는 마음의 영상을 따라 길을 걸어가게 될 겁니다. 마음을 지배하고 있는 생각을 따라 여러분은 걷고 있는 중입니다.

어젯밤에 말씀드린 대로, 진정한 자신의 것 중 유일하게 선물로 줄 수 있는 것은 단 하나, 그것은 여러분 자신밖에 없습니다. 그 이외에는 없습니다. 여러분 자신으로부터 그것을 내주어야 합니다. 창조의 과정은 이미 끝났으므로 그것은 여러분 안에 존재합니다. 지금 존재하지 않는 것은 없습니다. 모든 것은 이미 여러분의 것이고 창조는 끝났기 때문에 더 이상 새롭게 창조해야 할 것은 없습니다.

육체적으로는 어떤 한 장소에 서 있을지 몰라도 정신적으로는 원하는 장소 어디에도 갈 수 있습니다. 정신적으로 원하는 장소에 가 있다는 말은, 지금 이 순간 눈을 감고 이 장소가 아닌 다른 장소를 마음 안에 그린 후에, 그곳에 실제 있다는 느낌을 사실로 받아들이는 것을 말합니다. 정말 실제인 것처럼 느낄 수 있을 겁니다. 그래서 눈을 떴을 때, 상상 속에서 실제로 느꼈던 곳에 있지 않다는 사실에 아마 놀랄지도 모릅니다.

원하는 상태 속으로 빠져든 후에 실제와 같은 느낌을 갖는 이런 정신적인 여행은, 원하는 것을 성취하는 데에 필요한 전부입니다. 여러분 내부의 차원적으로 더 거대한 자아는

상상이 현실을 창조한다

원하는 것을 성취하는 길들을 알고 있습니다. 그러나 차원적으로 작은 자아, 다시 말해 3차원적인 자아는 그 길을 알지 못합니다. 더 나아가 여러분 안의 거대한 자아에게 있어서는 여러분이 사실로 받아들인 것을 실현시키는 모든 방법들이 선합니다.

마음속에서 여러분의 목적을 뚜렷하게 유지해서 그것들이 현실과 같은 느낌을 갖도록 하십시오. 그러면 하늘과 땅의 모든 힘들이 그것을 이루기 위해 쏟아 부어질 겁니다. 거대한 자아는 마음속의 확고한 영상을 실현시키는 데에 필요한 것이라면 사람들 모두의 말과 행동에 영향을 미칠 겁니다.

* * * *

이제 민수기로 넘어가서 잘 알려지지 않은 이야기 하나를 보겠습니다. 제 생각에는 여러분 중 몇몇은 여기 민수기에서 묘사한 경험을 가져봤을 거라 생각합니다. 살펴볼 내용은 하느님께서 예배당을 만들라는 명령을 하는 부분입니다. 하느님은 이스라엘인들에게 자기 자신을 예배의 장소로 만들라 명령했습니다.

예배당 모습에 관한 모든 세세한 사항들을 하느님께서 말쏨해주십니다. 길어야 하며 움직일 수 있는 찬양의 장소여야 하며 가죽으로 뒤덮여 있어야 합니다. 더 말할 필요 있을까요? 사람 아니겠습니까?

"너희가 하느님의 사원임을, 그래서 하느님의 영이 네 안에서 살고 있는 것을 모르느냐?" [고린도전서 3:16]

다른 사원이란 없습니다. 인간의 손으로 만든 사원을 말하는 것이 아니라 하늘나라에서 영원히 존재하는 사원입니다. 이 사원은 길어야 하며 가죽으로 뒤덮여 있어야 하며 사막을 가로 질러 움직일 수 있어야 합니다.

"그리고 예배당이 세워지던 낮 동안에는 구름이 예배당, 즉 증거의 천막을 덮었고, 저녁에는 불의 모양 같은 것이 아침까지 있더라. 그래서 낮에는 구름이 덮여 있고, 저녁에는 불의 모양이 덮여 있더라." [민수기 9:15, 16]

낮 동안에 구름이 올라갈 때까지, 그리고 저녁 동안에 불이 올라올 때까지는 머물러 있으라고 이스라엘 백성들에게 명령했습니다.

"이틀이든지, 한 달이든지, 아니면 일 년이든지 구름이 예배당 위에 머무를 때면, 이스라엘의 자손들은 그들의 천막에서 머물고 여행을 하지 않더라. 그러나 구름이 걷히면, 그들은 이동하였다." [민수기 9:22]

여러분 자신이 예배당이라는 사실은 알지만 구름은 무엇인지 궁금할 겁니다. 하지만 명상 중에 여러분 중 다수가 이것을 봤을 거라 생각됩니다. 명상 중에 마치 우물의 지하수 같은 이 구름이 자연스럽게 머리 위로 올라와서 고동치는 황금색 고리를 형성합니다. 그 다음 잔잔한 강처럼, 살아있는 황금색 고리의 물결이 머리에서 흘러나갑니다.

잠에 들기 전에도 고요한 분위기 속에서 그 구름은 솟아오릅니다. 바로 이 졸린 상태에 들어설 때, 원하는 모습이 이미 되었다는 것을 사실로 받아들이고, 원하는 것을 가졌다는 것을 사실로 받아들여야 합니다. 구름은 여러분이 사실로 받아들인 것을 현실로 받아들여서, 받아들인 사실에 맞추어 현실을 만들어 갈 것이기 때문입니다. 그 구름은 간단하게 말해 의식의 옷입니다. 그래서 구름은 여러분의 의식이 놓인 곳에 있게 되고, 결국은 여러분의 몸뚱이도 의식이 머문 곳에 놓이게 될 겁니다.

이 황금빛 구름은 깊은 침묵 속에서 나타납니다. 잠에 가까워질 때, 그것은 매우 짙고, 매우 유동적이며, 살아있고 고동치는 느낌이 듭니다. 졸린 상태, 깊은 침묵 상태, 잠과의 경계선 상에 있을 때, 그것은 머리 위로 솟아오릅니다. 그 구름이 올라오기 시작할 때까지 여러분은 예배당을 철거하거나 움직이지 않습니다.

졸린 상태에 도달할 때, 그 구름은 항상 솟아오릅니다. 사람이 잠에 들 때면, 그가 알든 모르든, 3차원적인 세상에서 4차원적인 세상 속으로 미끄러져 들어갑니다. 그리고 그때 무언가가 솟아오르는데, 그것은 인간의 의식으로, 더 거대한 시선에서 바라본 것입니다. 바로 4차원적인 시선입니다.

그때 여러분이 보고 있는, 솟아오르는 것은 여러분 내부의 거대한 자아입니다. 그 구름이 올라가기 시작할 때, 여러분은 원하는 모습이 이미 되었다는 느낌을 현실처럼 가져야 합니다. 바로 이 구름이 솟아오르는 때가 원하는 존재가 이미 되었다는 분위기 속으로 자신을 달랠 시간입니다. 그때 여러분은 상상 속에서, 자신이 원하는 모습이 이미 되었다면 현실에서 경험했을 법한 일들을 체험하거나, 이미 이루었다는 느낌을 주는 짧은 문장을 반복해야 합니다. 예를 들어, "정말 놀라워! 정말 놀라워!" 같은 문장을 계속 반복하십시오.

"깊은 잠에 빠졌을 때, 꿈속에서 그리고 밤의 환영 속에서 그분은 인간의 귀를 열어, 그들에게 할 지시를 봉인하신다." [욥기 33:15,16]

잠들기 직전의 시간을 현명하게 쓰십시오. 소원이 성취되었다는 느낌을 사실로 받아들이면서 그 분위기 속에서 잠자리에 드십시오. 밤에, 차원적으로 더 거대한 세상 속에서, 깊은 잠에 빠졌을 때, 사람들은 이 땅에서 후에 상영될 드라마들을 보고 그 역할들을 연기합니다. 내부의 거대한 자아가 읽고 연기한 대로 이 땅위의 드라마, 즉 현실은 펼쳐집니다. 자유의지라는 환상은 단지 우리를 행동하게 만드는 원인을 모르기 때문입니다.

잠에 빠졌을 때 마음을 지배하는 감각들은, 지금 당장은 현실이 아닐지라도, 곧 현실 속에서 모습을 드러낼 겁니다. 잠에 들 때 원하는 것이 이루어졌다는 느낌을 가정하는 것은, 우리의 마음에게 "현실이 되어라!"라고 말하면서 그것을 이루는 모든 수단들에게 명령하는 겁니다. 우리는 이런 식으로 자연스럽게 원하는 모습이 됩니다.

저는 수많은 개인적인 경험을 통해, 다른 곳으로 가는 것이 불가능해 보였을 때에도 잠들기 전, 저 자신을 그곳에 있다고 상상하면 상황이 빠르게 변해서 결국 그곳으로 가게 된 경우를 많이 겪었습니다. 밤에 잠을 잘 때, 원하는 여행지에서 잠에 든 것처럼 상상을 했습니다. 아침이 되자 상황들은 제가 상상했던 것에 맞춰서 스스로를 만들어 갔고, 주변 모든 상황들은 제가 현실에서 그 여행을 하게끔 변해갔습니다. 저는 제 의지와는 상관없이, 잠들었을 때 상상했던 장소로 가기 위한 준비를 해야만 했습니다.

구름이 솟아오를 때, 원하는 모습이 이미 된 것처럼 혹은 가기 원하는 장소에 이미 있는 것처럼 상상합니다. 그런 후에 그 상태 속에서 잠에 듭니다. 그러면 제 주변 상황들은 예배당을 철거하고 주위 환경들을 철거하고 바다를 건너고 대륙을 건너서 환경들을 새로 만들어, 상상했던 것과 비슷한 곳으로 새로 만듭니다. 성경의 이 내용은 물질적인 사막을 가로질러 걸어가는 사람들의 이야기가 아닙니다. 여러분 주변에 펼쳐진 이 넓은 세상 모두가 사막입니다.

우리는 요람에서 무덤까지 마치 사막을 걷듯이 인생을 살아갑니다. 하지만 우리에게는 하나님이 거하시는 살아있는 예배당이 있고, 우리가 잠들거나 잠에 가까운 상태에 있을 때 구름이 예배당을 덮고 솟아오릅니다. 그 구름은 꼭 이틀이 걸리는 것은 아니고 2분에라도 올라올 수 있습니다. 그런데 성경에서는 왜 이틀이라고 말을 했을까요? 내가 오늘 원하는 모습이 되었다면, 어쩌면 내일은 불만족스러울 수도 있을 겁니다. 이동하기를 결정하기 전에 적어도 하루의 시간을 줘야만 합니다.

성경에서는 이 예배당을 가지고 이동하기로 결정했을 때, 이틀이나 한 달이나 일 년 안에 구름을 솟아오르게 하였습니다. 구름이 솟아올랐을 때, 여러분은 구름이 있는 곳으로 이동하기 시작합니다. 구름은 말하자면 여러분의 생각, 즉 의식의 옷입니다. 의식이 가는 곳에 여러분의 육체를 갖고 갈 필요는 없습니다. 여러분 뜻과 상관없이 육체는 그곳으로 저절로 끌려 올 겁니다. 의식이 머무르고 있는 곳을 향해 육체가 움직이도록, 모든 상황들은 일어날 겁니다.

"내 아버지의 집에는 많은 거처가 있느니라. 그렇지 않았다면 내가 너희에게 말했을 것이다. 내가 너희를 위해 처소를 마련하러 가노라. 내가 가서 너희를 위해 처소를 마련하면 다시 와서 너희를 내게로 영접하리니, 내가 있는 곳에 너희도 함께 있게 하리라." [요한복음 14:2, 3]

여러분은 하느님이 머무는 집이라 말할 수 있으니, 많은 거처들은 여러분 마음속의 수많은 상태들을 말합니다. 내 아버지의 집에는 수많은 자아에 대한 관념들이 있습니다. 그 영원함 속에서 고갈이라는 것은 없습니다. 여러분이 어떤 모습이 된다 해도 영원함 속에서 어떤 것도 고갈되지 않을 겁니다.

고요히 눈을 감고 자신이 어떤 다른 곳에 있다는 것을 사실로 받아들인다면, 그곳에 가서 그 처소를 준비한 겁니다. 그러다 눈을 뜨게 되면 자신이 처소를 준비하러 갈 때 두고

간 이 육체로 다시 돌아오게 되고, 마음속에서 준비했던 장소는 사라집니다. 하지만 적당한 시간이 되면 준비해두었던 장소로 육체를 가지고 가게 될 겁니다. 여러분이 마음속에서 준비해둔 그 장소로 가기 위해, 어떤 경로와 방법들을 거쳐야 하는지에 대해서는 신경 쓸 필요가 없습니다. 그냥 고요히 앉아서, 여러분이 어떤 곳이든지 마음속에서 현실처럼 만들어 내십시오.

그러나 이것을 너무 경솔하게 사용하지 마십시오. 이것을 경솔하게 사용한다면 어떤 일이 일어나게 되는지 잘 알기 때문에 주의를 드립니다. 저 역시 단순히 날씨 때문에 다른 곳으로 떠나고 싶어서 경솔하게 다뤘던 적이 있습니다. 뉴욕의 한 겨울이었습니다. 너무 추워서 인도제도의 따뜻한 날씨를 원해, 제가 야자수 나무 밑에 자는 것을 상상하면서 잠에 들었습니다. 그 다음날 눈을 떴을 때, 제가 있는 곳은 여전히 추운 겨울 날씨 속의 뉴욕이었습니다.

저는 그 해에 인도제도에 갈 계획이 없었습니다. 그런데 슬픈 소식이 날아와서 그곳으로 떠나야 했습니다. 그때는 전쟁 중이었기 때문에 여기저기서 배들이 침몰했습니다. 그러나 이 소식을 듣고 48시간 후에 배를 타고 뉴욕을 떠나야 했습니다. 그 소식만이 유일하게 저를 바베이도스에 가게끔 하는 방법이었습니다. 저는 늦기 전에 도착해서 어머니의 3차원적인 육체에게 "안녕"이라는 작별인사를 해야만 했습니다.

저는 인도제도로 나갈 계획이 없었지만, 내부 깊은 곳의 자아는 거대한 구름이 내려앉은 곳을 보았습니다. 그 구름은 바베이도스에 내렸고, 저의 몸인 예배당은 "너의 발걸음이 닿는 곳 어디라도, 나는 그것을 너에게 주었다."는 명령을 수행하기 위해 길을 떠나게 됩니다. 구름이 사막 어디에 내려앉더라도, 그곳에서 여러분은 예배당을 새로 만들게 될 겁니다. 저는 한밤중에 배가 침몰할지도 모른다는 생각을 할 겨를도 없이 뉴욕을 떠났습니다. 저는 반드시 가야만 했습니다. 제가 생각할 수 없는 방법으로 상황들은 전개됩니다.

주의하십시오. 경솔하게 이것을 사용하지 마십시오. "이것이 작동하는지 시험 삼아 나를 래브라도로 가게 해보자." 이렇게 말하지 마십시오. 여러분은 래브라도에 가게 될 것이고, 이 수업에 참석한 것을 후회하게 될지도 모릅니다. 자기 전에 원하는 것이 이루어진 느낌을 취해나간다면 그 법칙은 작동할 겁니다.

잠자리에 들 때 여러분의 마음을 조절하십시오. 이 기법을 부르기에 가장 적당한 말은 "통제 가능한 깨어있는 꿈"일 겁니다. 꿈속에서는 통제력을 잃습니다. 따라서 완벽하게 통제 가능한 깨어있는 꿈을 가지고 잠들기 전의 상태 속으로 들어가십시오. 진짜 꿈속에서 여러분이 주인공이듯, 그렇게 주인공으로서 깨어있는 꿈 속으로 들어가십시오. 꿈속에서 여러분은 항상 배우일 뿐, 관객이 아닙니다. 통제 가능한 깨어 있는 꿈에서도 여러분은 배우가 되어야 하고 그 안에서 행동을 해야 합니다. 여기서 행동한 것들은 3차원적인 세상 속에서 육체를 가지고 반드시 재연되기 때문에 경솔하게 다루지 마십시오.

자, 이제 침묵의 시간에 들어가기 전에 분명하게 하고 넘어가야 할 것이 있습니다. 지난밤에 말씀드렸던 노력이라는 것입니다. 이 넓은 세상 속에서 사람들이 실패하는 단 한 가지 이유가 있다면, 그것은 현대의 심리학자들이 말하고 있는 '노력하고 있는 것과 상반된 결과가 일어나는 법칙(the law of reverse effort)'을 모르기 때문입니다.

소망이 이루어진 느낌을 사실로 받아들일 때, 최소한의 노력으로 해야 합니다. 여러분 의식의 방향을 통제해야 하지만, 그것은 최소한의 노력으로 해야 합니다. 통제를 할 때, 특정한 방향으로 노력을 기울여 억지로 하려 한다면, 원하는 결과를 얻지 못할 겁니다. 오히려 그 반대의 결과를 얻게 될 겁니다.

그것은 왜 아담이 잠에 든 것을 가지고 성경의 기초를 세웠는지를 설명합니다. 잠에 든 것은 창조행위의 첫 걸음이고, 성경 어디에서도 그 깊은 잠에서 이제껏 깨어났다는 기록은 없습니다. 그가 잠자는 동안에 창조는 멈춥니다.

여러분이 잠과 비슷한 상태에 들어가 생각을 조절할 때가 미래를 변화시킬 수 있는 최적의 시간입니다. 그래야 노력을 최소한으로 줄일 수 있을 겁니다. 잠과 비슷한 상태 속에서 여러분 의식은 충분히 이완됩니다. 그때 억지로 하려 하거나 노력을 기울이지 말고 그 느낌 속에서 의식을 유지시키는 것을 연습해봐야만 합니다.

한 순간이라도 의지의 힘으로 이런 일들을 해낸다는 오해를 하면 안 됩니다. 바라바를 풀어주고 예수와 하나가 될 때, 의지적으로 그렇게 되려 한 것이 아니라 이미 그렇게 된 것을 인식하는 겁니다. 그것이 해야 할 일 전부입니다.

이제 오늘밤 가장 중요한 시간인 기도의 시간을 맞아, 우리가 사용할 기법들을 다시 한번 정리하겠습니다. 우선 원하는 것이 무엇인지 알아야 합니다. 그리고 바람이 이루어진 것을 나타내는 하나의 사건을 구상하시고, 그 사건을 하나의 단일한 행동으로 한정시키십시오. 예를 들어 제가 어떤 사람과 악수를 하는 사건을 골랐다면, 악수하는 것 하나만을 해야 합니다. 악수를 한 후에 담배에 불을 붙이고 수많은 그 외의 일들을 해서는 안 됩니다. 단순하게 현실처럼 느껴질 때까지 실제 악수를 하는 것을 계속 반복해야 합니다.

상상하고 있는 사건은 항상 바람이 이루어진 것을 나타내야 합니다. 사건을 구상할 때, 원하는 것이 성취된 후에 자연스럽게 마주칠 만한 사건을 구상하십시오. 실현하길 원하는 사건이 무엇인지 결정하십시오.

어젯밤에 말씀드린 또 다른 기법이 있습니다. 만약 상상 속에서 어떤 행동을 하는 것에 집중하지 못하겠다거나, 지금 의자에 딱 달라붙은 채로 이 의자가 다른 곳에 있다고 믿지 못한다면 이렇게 해보십시오. 성취되었을 때의 느낌을 정리해서 그것을 하나의 단순한 문장인 "끝내주는데." 또는 "감사합니다." 또는 "해냈어." 또는 "끝냈다!" 등으로 축약해 만드십시오.

세 단어 이상으로 만들지 말고, 원하는 것이 이미 이루어졌다는 것을 나타내는 것으로 만드세요. "끝내주는데.", 또는 "감사합니다." 등은 제대로 나타내고 있습니다. 물론 이 문장들 말고 다른 것들을 사용할 수도 있을 겁니다. 자신의 어휘를 이용해서 여러분에게 맞는 문장을 만드십시오. 아주 짧은 문장으로 만들어 원하던 것이 이루어졌다는 것을 나타내십시오.

마음속에 자신만의 문장을 만든 후에 구름을 올라오게 하십시오. 쉽게 말하자면 잠과의 경계선 상으로 들어가서 구름을 올라오게 하는 겁니다. 그러기 위해서 단순하게 여러분이 잠에 들었다고 상상하고 느끼세요. 이 상태 속에서 바람이 이루어진 느낌을 사실처럼 받아들이고, 그리고 마치 자장가처럼, 그 짧은 문장을 반복하십시오. 그 문장이 무엇이든, 생각한 것이 진실이고 현실이고 이미 이루어졌다는 것을 나타내야 합니다.

자, 이제 긴장을 풀고 원하는 모습이 실제로 되었다는 느낌 속으로 들어가겠습니다. 그렇게 한다면 여리고를 여러분에게 넘겨줄 힘을 가진 스파이와 함께, 여리고 안으로 들어가고 있는 겁니다. 또한 바라바를 풀어주고 예수에게 십자가형을 선고한 후에 부활시키는 일을 하고 있는 겁니다. 이제 다른 것들은 그들의 길을 떠나도록 만들고 이미 원하는 것이 실제로 되었다는 느낌 속으로 들어선다면, 이 모든 성경의 이야기들을 여러분이 재연하게 됩니다. 자, 이제 침묵의 시간을 갖겠습니다.

침묵의 시간

* * * *

 이 명상을 하고 나서 손과 입술이 마른다면, 구름을 솟아오르게 하는 일을 성공했다는 명확한 증거입니다. 구름이 솟았을 때 어떤 생각을 하는가는, 전적으로 여러분 소관입니다. 그런데 손이 건조해져 있다면 구름을 솟아오르게 하는 것에 정말 성공했다는 증거입니다.

 또 다른 굉장히 특이한 현상이 있는데, 저는 어떻게 판단해야 할지 모르겠지만, 깊은 명상 속으로 들어가면 나타납니다. 명상 속에서 깨어났을 때, 굉장히 활발하게 신장이 활동하는 것을 알게 될 겁니다. 의사와 이야기를 해봤는데 그들도 설명하지 못했습니다.

 명상 중에 관찰할 수 있는 또 다른 것은 매우 아름답게 빛나는 투명한 푸른빛입니다. 세상의 것과 가장 비슷한 것을 찾아본다면 불타고 있는 알코올일 겁니다. 크리스마스 날 자두 푸딩에 알코올을 넣어서 불을 붙인다면 사랑스럽고 투명한 푸른빛이 푸딩을 감싸고 있습니다. 불어서 끌 때까지 타고 있는 것을 볼 수 있습니다. 그 불꽃이 명상 중에 머리 앞에 나타나는 푸른빛과 가장 유사합니다.

걱정하지 마십시오. 여러분이 그걸 보게 된다면 제가 지금 여러분에 말씀드리고 있는 푸른빛인지 바로 알 수 있을 겁니다. 불타는 알코올처럼, 어두운 푸른색과 밝은 푸른색의 두 가지 색조의 푸른색이 지속적으로 움직이고 있어서 가스를 분사할 때 나오는 균등한 색깔의 불꽃과는 다릅니다. 마치 영이 살아 움직이듯, 이 불꽃도 살아 움직입니다.

또 다른 건, 저한테 나타났던 것처럼 여러분에게도 나타날 겁니다. 눈앞에서 점들을 보게 될 겁니다. 어떤 사람들은 그것을 간반이라고 말하지만, 그건 잘 알지 못하고 하는 이야기입니다. 점들이 한 데에 묶여서 작은 원을 이루어 그물처럼 공중에서 떠다닙니다. 처음에는 하나의 점으로 시작해서 다양한 기하학적인 패턴을 지어 그룹으로 나타납니다. 벌레들 같기도 하고 트레일러들 같기도 한데, 그것들이 여러분 얼굴 위로 떠다닙니다. 눈을 감아도 이것들을 여전히 볼 수 있다는 사실은 이것들이 외부로부터 나타난 것이 아닌 내부의 것임을 보여줍니다.

의식 속에서 확장해 나가기 시작할 때, 이런 현상 모두가 나타날 겁니다. 이것은 피의 흐름이 우리가 이해할 수 없는 방법에 의해서 눈으로 보이는 것일 수도 있습니다. 그것이 피가 흐르는 것이 눈에 보이게 된 것일 수 있다는 말을 부정하지는 않지만, 그것들이 간반이라든가 어떤 어이없는 것들이라 생각하면서 쓸데없는 고민을 하지는 마십시오. 그래서 이런 다양한 현상들이 다가온다면, 잘못된 일이 벌어졌다고 생각하지 마십시오. 겟세마네 동산으로 가면서 그 동산을 일구고자 노력하는 사람들에게 아주 정상적이고 자연스러운 의식 속 확장의 과정입니다.

깨어있는 동안에 생각들을 주시하고 관찰해서 마음을 훈련시키기 시작할 때, 여러분은 여러분 생각에 대한 경찰이 됩니다. 불쾌한 대화 속에 참여하는 것을 거부하고, 타인을 험담하는 이야기에 주의를 기울여 듣는 것을 거부하십시오.

여러분 마음의 눈을 통해 어리석은 처녀의 모습을 그리지 말고 현명한 처녀의 모습을 그리십시오. 들었을 때 기쁨을 가져오는 것만을 들으십시오. 불쾌한 것들, 듣고 후회할 만한 일들에 귀를 기울이지 마십시오. 그것은 여러분의 램프에 기름이 없는 것, 즉 여러분 마음 안에 기쁨이 없는 가운데 들리는 소리를 듣고 보이는 사물을 보는 겁니다.

성경에서는 두 종류의 처녀에 대해서 말합니다. 다섯 명의 어리석은 처녀와 다섯 명의 현명한 처녀입니다. 현명한 처녀가 되거나 그렇게 되려고 노력할 때 앞서 설명했던 현상들이 여러분에게 일어나는 것을 보게 될 겁니다. 앞서 말했던 것들을 경험해 본다면 정말 흥미로운 경험이기 때문에, 다른 사람들이 하는 것처럼 어리석은 시야를 발전시키는 데에 시간을 낭비하려 하지 않을 겁니다. 여기 있는 분들 모두 그러지 않기를 바랍니다. 아름답지 않은 것들을 이야기하는 데에 커다란 즐거움을 찾으신다면 이 위대한 일들과 하나가 되지 못할 겁니다.

흑인과 이민자에 대한 차별이 가장 심할 시기인 1800년대 후반과 1900년대 초중반의 미국 사회, 이민자인데다가 흑인이었던 네빌 고다드의 스승 압둘라는 변호사들, 의사들, 과학자들을 비롯한 많은 지식인들의 존경을 받았고 심지어 그를 집으로 초대하는 것만으로도 그들에게는 큰 영광으로 여겨졌다. 그는 차별과 한계는 마음 속에만 존재하기에 우리의 마음이 그것을 받아들이지 않는다면 그것을 경험하지 않는다는 말을 몸소 보여줬다. 다음의 일화는 압둘라의 그런 마음태도를 잘 보여준다.

압둘라의 일화

압둘라는 오페라 "파르치팔(parsival)"을 네빌과 함께 보러 가자고 했다. 네빌은 그 오페라를 굉장히 지루하다고 생각했지만 압둘라는 그 오페라의 모든 대사 하나하나에 푹 빠져 있었다. 오페라에 가려면 압둘라가 티켓을 사야 했는데 그 당시에는 흑인에게 1등석을 팔지 않았다. 아무리 흑인에게 1등석자리를 내주지 않는다 해도 압둘라는 그런 말에 아무런 관심조차 두지 않았다.

압둘라와 네빌은 매표소에 가서 차례를 기다렸다. 앞에 두 명의 사람이 있었는데 한명이 너무 정신없게 만드는 바람에

직원은 다른 사람에게 실수로 너무 많은 거스름돈을 주고 말았다. 남자가 이미 사라지고 난 후에야 직원은 자신의 실수를 알아차렸다. 그때 네빌이 "저기 이쪽으로 돌아오세요. 직원이 찾고 있어요."라고 말해주었다. 그 목소리를 들은 남자는 돌아와 다시 정산을 하게 됐다. 그리고 압둘라의 차례가 되었다. "무엇을 도와드릴까요?"라고 말하자, 압둘라는 "1등석 두 자리를 주세요."라고 말했다. 그 매표직원은 1등석자리를 가지고 있었지만 흑인인 압둘라는 VIP가 될 수 없었다. 하지만 압둘라와 네빌 덕택에 돈을 손해 보지 않았기 때문에 1등석 자리 중에 맨 앞자리를 내어주었다.

1등석 자리는 흑인에게 팔지 않는 것이 관행이었지만, 압둘라는 이런 사실을 받아들이지 않았다. 그런 부정적인 말들은 그에게 영향을 주지 못한다. 그는 그(He)가 어떤 존재인지 잘 알고 있었다. 관행상으로는 당연히 일어났어야 하는 일들이 그의 머리 안에는 자리조차 잡지 않았다. 압둘라는 자신이 원하는 것을 얻을 것이라는 확신만을 지닌 채 걸어갈 뿐이었다.

네빌링(Nevilling) 두 번째 방법

만약 상상 속의 행동에 믿음을 유지하는 것이 어렵게
느껴진다면, 목적을 명확히 하고 여러분 소망이 이루어
진 느낌을 하나의 단일한 문장으로 만드십시오.
"멋지다."처럼 여러분 바람이 이루어졌다는 것을
나타내는 것으로 하십시오. 혹은 만약 누군가를
통해서 바람이 이루어진 것이라서 감사함을 느끼는 것
이라면, "감사합니다."라고 말할 겁니다.
그리고 그 문장을 마치 자장가처럼 반복 또 반복하세요.
그래서 마음이 감사하는 마음,
그 하나의 감각만으로 가득 채워질 때까지
그렇게 반복하십시오.

셋째날 강의
4차원적으로 생각하기

    고대에 성경을 쓴 이들은 사람들이 세상을 바라보는 두 가지 시선에 대해 깊게 이해하고 있었습니다. 그 시선들을 가리켜, 하나는 "현실적인 마음", 다른 하나는 "그리스도의 마음"이라고 불렀습니다.

    다음 내용을 통해 생각의 두 가지 시선을 이해할 수 있습니다.

    "현실적인 사람은 하느님의 영의 것들을 받지 않나니, 그것들은 그들에게 어리석다 생각되기 때문이고, 그는 그것들을 알지도 못하기 때문이다. 왜냐하면 그것들은 영적으로만 분별되는 것이기 때문이다." [고린도전서 2:14]

    현실적인 사람에게는 지금 이 순간만이 실체로 보입니다. 그들이 보기에는 바로 이 순간만이 현실전체를 뜻하고 이외에는 모두 실체가 아니라고 생각합니다. 현실적인 사람에게 있어서 과거와 미래는, 단순히 마음속의 이미지일 뿐입니다. 즉, 만약에 제가 현실적인 마음속에 있다면, 과거라는 것은 한 때 있었던 일들에 대한 기억 속 영상으로만 생각될 겁니다. 그리고 마찬가지로 우리의 시선이 현실적인 마음이 지니고 있는 한계에 둘러싸인 채 세상을 보면 미래라는 것도 존재하지 않는 겁니다. 현실적인 마음이 보기에는 과거와 미래가 현재처럼 단단하고 객관적인 실체란 사실을 믿을 수 없고, 과거와 미래를 방문할 수 있다는 사실도 믿을 수 없습니다.

현실적인 마음이 볼 때는 과거, 현재, 미래를 각각 구분된 것으로 보지만, 4차원 시선이라고 부르는 그리스도 마음, 즉 영적인 마음으로는 과거, 현재, 미래가 지금 존재하는 전체적인 하나로 보입니다. 영적인 마음은 인간이 과거에 경험했던, 지금 경험하고 있는, 그리고 앞으로 경험할 모든 감각적 인상을 하나로 포착합니다.

우리 내부에 자리하고 있는 거대한 시선을 인식하지 못하고 오늘날처럼 살고 있는 이유는 우리가 습관의 산물이기 때문입니다. 습관이라는 것은 우리가 보아야만 하는 것을 보지 못하게 만들고 있습니다. 그러나 습관은 법칙이 아닙니다. 그것이 아무리 세상에서 강력한 힘으로 행사되어 우리가 거부할 수 없는 것처럼 보이더라도 습관은 법칙이 아닙니다.

다행스럽게도 우리는 우리의 삶에 대해 새로운 시야를 만들 수 있는 힘이 있습니다. 매일 몇 분 동안 우리의 의식이 감각의 영역으로부터 벗어나, 눈에 보이지 않는 상태를 현실처럼 느끼고 인지하면서, 그것에 집중하고 믿음을 유지해나가는 것을 연습한다면 얼마 지나지 않아 차원적으로 넓은 세상인 더 거대한 세상을 인식하게 될 겁니다. 우리가 마음속에 품었던 상태는 때가 되면 세상 밖으로 드러나 단단한 현실이 됩니다.

오늘밤 성경을 살펴보면서, 여러분이 현재 어디에 서 있는지, 스스로 판단해 보시기 바랍니다.

* * * *

마가복음 5장을 보겠습니다. 마가복음 5장에는 세 가지 이야기가 나오는데 예수가 각각 별개의 경험들을 한 것처럼 보입니다.

첫 번째 이야기를 보면 미친 사람 하나가 공동묘지의 무덤 뒤에 숨어 사는데, 예수가 이 사람에게 다가옵니다. 예수가 미친 사람에게 붙어 있는 악마를 내쫓으려 하자, 이 사람은 자신에게 붙어있는 악마를 내쫓지 말아 달라고 간청합니다.

그러자 예수가 그에게 "더러운 영아, 그 사람에게서 나오라."[마가복음 5:8] 라고 말합니다. 예수가 그 악마들을 쫓아냈고, 그 악마들이 스스로 파멸하도록 했습니다. 그러자 그 남자는 처음으로 옷을 입고 정신을 차리고는 스승의 발밑에 앉습니다.

예수라는 이름을 깨어난 이성(enlightened reason)이라든지 4차원적으로 생각하는 것(fourth-dimensional thinking)이라고 바꾸어 본다면, 이 이야기에서 마음에 관련된 지혜를 파악할 수 있을 겁니다.

이야기는 계속 진행되어, 예수가 고위 사제인 야이로라의 집에 오게 됩니다. 그는 시나고그교의 높은 사제인데 그의 딸이 죽어가고 있었습니다. 사제는 예수에게 다가와 자신의 12살 난 딸아이를 치료해달라고 간청합니다. 예수는 승낙하고 사제의 집으로 향했습니다. 가던 길에, 시장에서 한 여인이 예수의 옷을 건드렸습니다.

"예수께서 곧장 자신의 힘이 나간 것을 아시고는 군중을 향해 고개를 돌리시고는, '누가 나의 옷을 건드렸는가?'라고 말씀하셨더라."[마가복음 5:30]

예수의 옷을 만진 그녀는 12년간의 하혈로부터 치유되었고, 예수에게 자신이 만졌다고 고백했습니다.

"그러자 예수께서, '딸아, 네 믿음이 너를 온전히 하였으니 평안히 가거라'고 말씀하셨다." [마가복음 5:34]

예수가 다시 시나고그교 사제의 집으로 계속 걸어갔습니다. 사람들이 예수에게 다가와서는 아이가 이미 죽었으니 더 이상 치료하러 갈 필요가 없다고 말했습니다. 사람들은 아이가 잠든 것이 아니라 죽은 상태라고 말했습니다.

"예수께서 그 말을 듣고는 시나고그교의 고위사제에게, '두려워하지 말고 오로지 믿어라'고 하셨다." [마가복음 5:36]

"예수께서 도착했을 때, 그들에게 말하기를, '왜 야단법석을 떨며 슬피 우느냐? 그 처자는 죽지 않고 잠들었느니라.'" [마가복음 5:39]

그곳에 모인 사람들이 모두 예수를 조롱하고 비웃을 때, 그는 그 비웃는 사람들을 내보내고는 제자들과 죽은 아이의 아버지와 어머니만을 그 집에 들였습니다. 그들은 소녀가 누워있는 방으로 들어갔습니다.

"그리고 예수께서 소녀를 잡고서, '그대에게 말하노니, 일어나라'고 말씀하셨다." [마가복음 5:41]

"깊은 잠으로부터 아이는 일어나서 가로질러 걸어가더라. 그러자 고위 사제와 다른 모든 이들이 놀라더라. 그리고 예수께서 엄히 당부하시기를 아무도 모르게 하라고 하시더라. 그리고 그녀에게 먹을 것을 갖다 주라고 명하시니라." [마가복음 5:43]

오늘밤 이 자리에 모여 있는 여러분을 마가복음 5장 안에 그려볼 수 있습니다. 공동묘지는 단 하나의 목적을 위해 존재합니다. 바로 죽은 이들을 기억하기 위한 겁니다. 혹시 여러분도 죽은 과거 속에서 살고 있는 건 아닙니까? 여러분이 죽은 자들 사이에서 살고 있다면, 여러분이 생명을 주고 있는 선입견, 미신, 잘못된 믿음은 여러분이 그 뒤에 숨어 살고 있는 무덤이 됩니다. 그런 선입견과 미신과 잘못된 믿음들을 다 떠나보내지 않는다면, 마가복음 속의 미친 남자처럼 그것들을 내보내지 말아달라고 깨어난 이성(enlightened reason)에게 간청하는 것과 같습니다. 여러분도 그와 다를 바 없습니다. 그러나 깨어난 이성은 편견이나 미신이 진리를 방해하는 것을 막을 수 없습니다.

깨어난 이성의 빛 앞에서는 어떤 선입견도 살아 있을 수가 없습니다. 여러분이 어떤 국가, 어떤 인종, 어떤 주의 등에 반대하는지 말씀해보십시오. 그것이 무엇인지 상관없습니다. 다만 여러분은 깨어난 이성의 빛 앞에서는 그런 것들을 살릴 수 없습니다. 그것들의 생명을 유지하기 위해서는 깨어난 이

성으로부터 숨겨야 합니다. 깨어난 이성의 빛 안에서는 그것들을 분석할 수도, 살릴 수도 없습니다. 4차원적인 시선이 여러분에게 다가와 삶에 대한 새로운 시야를 열어준다면, 여러분에게 씌워 있었던 이런 미신적인 것들을 모두 떨쳐버리게 됩니다. 그리고는 스승의 발이라 부르는 이해의 발밑에 앉게 됩니다.

이제 옷을 입고 제정신을 차린 여러분은 죽은 자를 부활시킬 수 있습니다. 그렇다면 다음 이야기 속의 죽은 아이는 무엇입니까? 이 이야기 속에서 아이는 그냥 아이가 아닙니다. 여러분 마음속의 야망, 바람, 성취되지 않은 꿈입니다. 인간의 마음 안에 살고 있는 아이입니다. 말했듯이, 성경의 모든 이야기들은 마음에 관련된 것들입니다. 성경은 이 세상에 존재했던 어떤 인물이나 사건에 대한 이야기가 아닙니다. 성경 속의 모든 이야기들은 여러분 개개인의 마음 안에서 계속 펼쳐지고 있습니다.

이 이야기 속에서 예수는 인간의 깨어난 이성입니다. 여러분의 마음이 감각의 한계를 벗어나 활동하고 이전에 가졌던 한계들을 씻어낸다면, 더 이상 여러분은 미친 사람이 아니라 이 이야기 속의 예수이고 인간의 가슴 속에서 죽어가고 있는 소망을 소생시킬 수 있는 권능입니다.

지금 여러분은 하혈이 있는 여인과 같습니다. 하혈이란 무엇입니까? 피가 흐르는 자궁은 아이를 낳을 수 있는 자궁이 아닙니다. 이야기속의 여인은 12년간 하혈을 앓고 있어서 임신을 할 수 없었습니다. 다시 말해 하혈이 계속 진행됐기 때문에 그녀의 소망을 잉태시킬 수 없었던 겁니다. 그러다가 그녀의 믿음이 자궁을 닫았고, 그로써 이 온전해진 자궁으로 씨앗이나 생각들에 형태를 부여할 수 있게 됐습니다.

여러분이 이전에 갖고 있던 관념들을 지워버리고 원하는 모습이 된 것을 사실로 받아들여 믿음을 유지하게 될 때, 여러분은 그 상상에 형태를 부여할 수 있고 여러분의 죽은 아이를 소생시킬 수 있습니다. 그래서 이제 하혈이 깨끗이 사라진 여인이 되었고, 이제 남은 일은 죽은 아이의 집으로 가는 겁니다.

아이, 즉 여러분의 원하는 상태는 이제 여러분 자아의 확고한 관념이 되었습니다. 이전에는 갖지 못해서 원하기만 했지만, 이제는 그 원하던 것들을 이미 가졌다는 것을 사실로 받아들였기 때문에 더 이상 원하는 행위를 계속할 순 없습니다. 그래서 이젠 소망에 대해 누구와도 이야기하지 않습니다. 내가 어떤 존재로 변했는지에 관해서 누구와도 이야기하지 않습니다. 내가 원하는 모습이 이미 되었다는 것이 나에게는 확실하기에, 그냥 그 모습으로 걸어 나갈 뿐입니다.

원하던 것들이 성취된 듯 걸어 나아갈 때, 사람들은 4차원적인 세상에서 내가 이미 소망을 성취한 것을 보지 못하기 때문에 3차원적인 눈으로 본다면 더 이상 내가 그것을 원하지 않는다고 생각합니다. 그래서 한계에 둘러싸인 시야로 세상을 보니 아이가 죽은 듯 보였습니다. 그러나 법칙을 알고 있는 나는 이렇게 말합니다. "아이는 죽지 않았다." 그 아이는 죽은 것이 아니라 잠자고 있는 겁니다. 이제 소망이 이루어진 것을 사실로 받아들임으로써, 그것들을 눈에 보이게끔 깨웁니다. 사실로 받아들인 것들을 흔들리지 않고 유지한다면 그것들이 말하고 있는 것들을 일깨우기 때문에 그렇습니다.

나는 이제 방문을 닫습니다. 문이란 무엇입니까? 감각의 문입니다. 감각이 보여주는 것들 모두를 완전하게 닫는다는 말입니다. 감각이 전해주는 증거들을 모두 거부합니다. 사람들이 말하는 상식적인 판단을 멈추고 감각이 부정하고 있는 존재가 이미 되었다는, 확신에 찬 선언을 하면서 당당하게 걸어 나갑니다.

감각의 문을 닫고 이런 통제된 상태 속으로 누구를 들였나요? 오로지 아이의 부모와 예수의 제자들만을 들입니다. 그리고 야유하고 비웃는 군중들을 향해 문을 닫습니다. 더 이상 외부에서 전해주는 증거들을 구하지 않습니다. 감각들은 내가 사실로 받아들인 것들을 야유하고 비웃으면서 사실이 아니라는 증거들을 나에게 전해주지만, 나는 그것들을 완벽하게 거부합니다. 그리고 내가 사실로 받아들인 것이 실현될 수 있는지 없는지에 대해 다른 이들과 의논하지 않습니다.

방 안에 남겨두었던 부모란 무엇을 말합니까? 모든 창조물의 아버지-어머니는 인간의 IAMness입니다. 인간의 의식은 하느님입니다. 나는 소망이 이루어진 상태를 인식합니다. 나는 모든 생각들의 아버지-어머니이고 나의 마음은 새로운 자아의 관념에 믿음을 유지하고 있습니다. 마음을 통제하고 있습니다. 그 통제된 마음 안으로 제자들만을 들이고 그것을 거부하는 모든 것을 닫아버립니다. 이제 아이는 그 누구의 도움도 없이 부활합니다. 사실로 받아들인 상태는 세상 안으로 그 모습을 드러내어 상상의 힘의 증거들을 가져옵니다.

여러분이 스스로 결정하십시오. 제가 그 결정을 대신할 순 없습니다. 여러분은 죽은 과거 속에서 살든지, 하혈이 멈춘 여인으로 살든지 결정해야 합니다. 저의 질문에 솔직하게 대답해보시겠습니까?

"여러분은 어떤 외부의 도움도 없이, 원하는 모습이 되었다는 것을 사실로 받아들인다면 원하는 것들을 현실로 만들 수 있다고 믿습니까? 아니면 이전에 사람들이 여러분에게 말하던 특별한 조건들을 갖추고, 특별한 능력을 지니고 있거나 어떤 특별한 것들이 있어야 된다고 믿습니까?"

저는 어떤 특정한 교회들이나 종교단체에 대해 비판적이지 않습니다. 그런데 자신의 교회나 자신의 단체 외의 사람들은 구원받지 못한다는 믿음을 가진 사람들이 있습니다. 저는 개신교도로 태어났습니다. 개신교에서 이야기하기를, 유일한 크리스천은 개신교도밖에 없다고 합니다. 가톨릭에서는 유일한 크리스천은 가톨릭 신자라고 말합니다. 유대인에게 물어보면, 크리스천은 이방인이고, 유대인만이 선택받은 자라고 합니다. 이슬람교도에게 말할 때는 유대교와 크리스천은 신을 믿지 않는다고 합니다. 또 다른 누군가에게 말할 때는 이런 모든 것은 천한 것들이라고 합니다. 누구에게 말하든 상관없이, 그들만이 선택받은 자라고 합니다. 여러분이 만약 구원받기 위해서는 어떤 특정한 단체에 있어야 된다고 믿는다면, 여전히 미신과 과거의 선입견 뒤에 숨어있는 정신이 나간 사람입니다. 그리고는 이런 것들을 쫓아버리지 말아달라고 간청하는 중입니다.

어떤 이들은 저에게 말합니다. "인간 예수, 인간 모세, 인간

베드로에 대한 믿음을 버리라고 말하지 마세요. 그런 것을 요구한다면 너무 가혹한 일이예요. 이런 믿음들을 갖고 있는 것이 저에겐 오히려 혼돈스럽지 않습니다. 전 이런 믿음을 갖고도 당신이 말하고 있는 성경의 마음에 관한 해석들을 따를 수 있습니다."

죽은 과거로부터 나오십시오. 공동묘지로부터 나와서 여러분과 여러분의 아버지가 하나라는 사실을 알고 걸어 나가십시오. 하느님이라 부르는 여러분의 아버지는 여러분의 의식입니다. 그것은 세상에 존재하는 유일한 창조의 법칙입니다.

자신을 어떤 존재로 인식하고 있습니까? 비록 한계에 둘러싸인 3차원적인 시선으로는 원하는 목적을 눈으로 볼 수 없지만, 이제 여러분은 여러분이 사실로 받아들인 모습이 되었습니다. 사실로 받아들인 것과 맞추어 걸어 나가면서 믿음을 계속 유지하십시오.

3차원 안에서 시간이라는 것은 아주 천천히 흐르기 때문에, 어쩌면 실제로 받아들인 상상들이 세상 밖으로 현현되어 나오더라도 그것들이 한 때는 마음속에서만 존재했었다는 사실을 잊어버릴지도 모릅니다. 여러분 마음 안의 것들은 항상 외부세계에 나타나지만, 시간이란 것이 천천히 흐르기 때문에 여러분은 둘 사이의 관계를 보지 못합니다.

자, 이제 여러분이 마가복음 5장에서 어느 위치에 있는지 판단해 보십시오. 죽은 아이를 부활시키고 있습니까? 마음의 자궁을 닫기 위해서 도움이 필요합니까? 계속 피가 멈추지 않아 아이를 낳을 수 없습니까? 죽은 과거 속에서 살고 있는 미친 사람입니까? 여러분만이 판단할 수 있고, 여러분만이 이 질문들에 대답할 수 있습니다.

* * * *

이제 요한복음 5장을 보겠습니다. 여기서 고대에 성경을 쓴 사람들이 세상에 대한 두 가지 시야를 얼마나 아름답게 표현했는지 볼 수 있습니다. 하나는 제한된 3차원적인 시선이고 다른 하나는 4차원적인 시선입니다.

병든 자가 곧바로 치유되는 이야기입니다. 예수가 베데스다라 부르는 곳에 옵니다. 베데스다는 다섯 행각이 있는 집이라는 뜻입니다. 다섯 행각에는 수많은 병든 자들이 있습니다. 불구자, 맹인, 절름발이, 마비된 사람 등등. 전설에 의하면 매년 특정한 시기가 되면 천사가 내려와 다섯 행각 근처의 연못을 건드립니다. 천사가 그 연못을 건드리면, 그 안에 첫 번째로 들어간 사람은 반드시 치유된다 합니다. 그러나 오로지 첫 번째로 들어간 사람만이 치유될 뿐, 두 번째여서는 안 됩니다. 예수는 태어날 때부터 절름발이인 사람을 보고는 말합니다.

"그대 낫기를 원하는가?" [요한복음 5:6]

"그 병든 자가 예수께 답하기를, '선생님, 연못이 흔들릴 때, 저를 그 연못으로 넣어줄 사람이 없나이다. 제가 그곳으로 가는 동안 다른 이가 저보다 앞서 들어가나이다.'" [요한복음 5:7]

"예수께서 그에게 '일어나라, 침상을 들고 걸어가거라'고 말씀하시더라." [요한복음 5:8]

"그러자 갑자기 그 사람이 나아서는 침상을 들고 걸어가니, 그 날이 안식일이더라." [요한복음 5:9]

이 이야기를 읽고는 어떤 이들은 아주 놀랄만한 힘을 가진 한 낯선 사람이 불구인 사람에게 "일어나서 걸어라."라고 말했다고 생각합니다. 이 이야기는 개개인의 마음속에서 일어나고 있습니다. 이 말은 매번 강조해도 지나치지 않은 것 같습니다.

연못은 여러분의 의식입니다. 천사는 하느님의 메신저로서 생각을 뜻합니다. 의식이 하느님이기에, 어떤 생각을 가지고 있다면 천사를 맞이하고 있는 겁니다. 소망을 인식하면 연못은 흔들립니다. 소망은 인간의 마음을 흔들어 놓습니다. 다시 말해 어떤 것을 원한다는 것은 마음이 흔들리는 겁니다. 원하는 것이 있거나 또는 아주 명확한 목적을 가질 때, 연못은 욕망이라는 천사에 의해서 흔들립니다. 이 연못에 처음으로 들어가는 자는 반드시 치료된다 합니다.

제 아내와 딸은 저에게 가장 가까운 사람이지만, 그들을 부를 때면 2인칭으로 부릅니다. 아무리 가까운 사이일지라도 저는 그 사람에게 "당신(You are)"이란 호칭을 사용합니다. 그 외에는 삼인칭 호칭인 "그(He is)"를 씁니다. 일인칭 호칭을 쓸 수 있는 사람은 세상에 오직 하나, 바로 나 자신밖에 없습니다. "나는(I am)"이라는 말은 나 자신에게만 쓰이고, 다른 사람들에게는 쓰이지 않습니다.

따라서 내가 원하지만 아직 이루어지지 않은 욕망을 의식할 때, 즉 연못이 흔들릴 때, 누가 나보다 먼저 그 연못에 들어갈 수 있겠습니까? 오로지 나만이 1인칭의 힘(첫번째 들어가는 자)을 지니고 있습니다. 저는 원하는 그 모습입니다. 제가 이미 원하는 모습이 되었다는 것을 믿지 않는다면, 예전의 모습으로 남고 그 한계 속에서 죽을 겁니다.

이 이야기에서는 여러분 의식이 욕망에 의해 흔들릴 때 여러분은 누구의 도움 없이 그 연못 속으로 들어갈 수 있다는 것을 말하고 있습니다. 여러분이 해야 할 일은 이미 원하는 모습이 되었다는 것을 사실로 받아들여 그 안으로 들어가는 것뿐입니다. 누구도 여러분보다 앞서 들어갈 수는 없습니다. 원하는 모습이 되었단 것을 인식할 때 어떤 이가 여러분보다 앞서 그 연못에 들어갈 수 있습니까? '나는(I AM)'이라고 말할 수 있는 권능은 오로지 여러분 자신만이 가지기에 누구도 여러분보다 앞서서 그럴 수는 없습니다.

이것들은 두 가지 시야를 말해줍니다. 여러분은 이제 감각이 거부하는 존재가 되었습니다. 원하는 모습이 이미 되었단 것을 사실로 받아들일 만큼, 여러분은 확신에 차 있습니까? 이성과 감각은 여러분이 원하고 있는 모습을 사실이 아니라고 거부하고 있습니다. 그런데 여러분이 이런 모습을 담대하게 사실로 받아들인다면 스스로 연못에 들어가 누구의 도움도 없이 일어나서는 침상을 들고 걸어가게 될 겁니다.

이 일은 안식일에 일어났다고 말해집니다. 안식일은 마음이 흔들리지 않고, 걱정으로부터 벗어나 있고, 결과에 대한 조바심을 가지지 않을 때 생겨나는 고요함에 대한 신비적인 뜻입니다. 안식일은 일을 하지 않는 휴일입니다. 어떤 것을 완성하기 위해 애쓰지 않을 때, 여러분은 안식일을 맞이하고 있는 겁니다. 다른 사람들이 말하는 것에 관심을 끄고 이미 원하는 모습이 되었다고 생각하며 걸어 나갈 때, 여러분은 손 하나 까닥하지 않을 것이고, 그렇다면 안식일에 있는 겁니다. 결과가 어떤 경로로 이루어질지에 대해서는 신경 쓰지 말고, 그냥 이미 그렇게 되었다는 것만을 의식하고 있는 겁니다. 내가 자유롭고 안정되고 건강하고 행복하다고 인식한다면, 실제로 그렇게 되기 위해 노력하거나 수고하지 않고 이런 의식의 상태들을 유지합니다. 그렇게 안식일에 들어섭니다. 그러면 안식일에, 여러분은 일어나 걷게 됩니다.

* * * *

다음에 볼 이야기는 요한복음 4장인데, 많이 들어보셨을 겁니다. 예수가 우물가에 갔는데, 그곳에 사마리아 여인이 있습니다. 예수는 그녀에게, "나에게 먹을 물을 달라."라고 말합니다. [요한복음 4:7]

"그러자 사마리아 여인이 예수에게 말하기를, '어떻게 유대인인 당신이 사마리아 여인인 저에게 말씀하십니까?'라고 하더라. 왜냐하면 유대인은 사마리아인들과 교제가 없기 때문이더라."

"예수께서 대답하여 그녀에게, '만약 그대가 하느님의 선물을 알고, 또 마실 물을 달라고 그대에게 말하고 있는 자가 누구인지 안다면, 그대는 그에게 요청했을 것이고, 그는 살아있는 물을 그대에게 주었을 것이다'라고 말씀하시더라." [요한복음 4:10]

"그 여인은 우물은 깊은데 예수께서 물을 기를 것이 없음을 보고는, '당신께서는 우리에게 우물을 주시고 그로 인해 그의 자손들과 그의 가축들이 먹을 우물을 주신 야곱보다 위대하시나이까?'라고 묻더라." [요한복음 4:12]

"예수께서 대답하시어 그녀에게 말씀하시더라. '이 물을 먹는 자는 누구든 다시 목이 마를 것이다. 그러나 내가 주는 이 물을 마시는 자는 결코 목이 마르지 않을 것이다. 내가 주는 물은 그 안에서 영원한 생명으로 솟아오르는 우물이 될 것이다.'"

"그리고 예수는 그녀에게 그녀 자신에 대한 모든 것을 말하고, '가서 남편을 불러오라'고 말씀하시니, 그녀가 '저에게는 남편이 없습니다'라고 대답하더라." [요한복음 4:17]

"예수께서 그녀에게, '나에게 남편이 없다고 말한 것은 옳도다. 왜냐하면 그대는 다섯 남편이 있었고, 지금 함께 있는 남자는 그대의 남편이 아니기 때문이다'라고 말씀하시더라."

[요한복음 4: 17,18]

"그 여인은 이것들이 진실이라 생각하고, 시장으로 가서는 사람들에게 말하기를, '내가 메시아를 만났습니다.'라고 하더라. 그들이 묻기를, '그대는 어째서 메시아를 만났는지 아는가?'라고 하더라."

"왜냐하면 내가 이전에 했던 것들 모두를 내게 말했기 때문입니다."라고 그녀는 대답합니다. 이것은 적어도 그녀의 과거 전체를 아우르는 시야이며, 지금 그녀에게 미래에 관하여 말해줍니다.

이야기를 계속해서, 제자들이 예수에게 와서 말했습니다.

"스승이시여, 드소서."[요한복음 4:31]

하지만 예수는 제자들에게 말합니다. "나에게는 그대들이 알지 못하는 먹을 것이 있노라."[요한복음 4:32]

그들이 추수하기까지 4개월이 남았다고 하자, 예수께서 이렇게 대답합니다. "추수를 하기까지 4개월이 남았다고 그대들은 말하지 말라. 보라, 너희에게 말하노니, 너희들의 눈을 들어 밭을 보라. 이미 그 곡식들이 추수하도록 하얗게 되었느니라."[요한복음 4:35]

사람들이 추수하기까지 4개월 혹은 4년이 남았다고 말하지만, 예수는 차원적으로 넓은 세상 안에서 지금 하얗게 익어 추수하기를 기다리고 있는 모습을 봅니다.

다시 이야기의 처음으로 돌아가 살펴보겠습니다. 이 이야기에서 사마리아 여인은 3차원적인 여러분입니다. 그리고 우물가의 예수는 4차원적인 여러분입니다. 여러분이 되고자 하는 모습과 이성이 여러분에게 말하는 현재의 모습 사이에 논쟁이 벌어집니다. 여러분 내부의 거대한 자아가 말하기를, 원하는 모습이 이미 되었다는 것을 확신을 가지고 사실로 받아들인다면, 그렇게 될 것이라 합니다. 그러나 작은 자아는 그 좁은 식견으로 말합니다.

"물은 깊은 데, 어째서 물을 기를 양동이도 없고, 줄도 없나요? 그 밑까지 들어갈 방법도 없이, 어떻게 그 깊은 곳까지 닿을 수 있겠습니까?"

여러분은 대답합니다. "만약 그대가 물을 달라고 말하는 이가 누군지 안다면, 그대는 그에게 구할 것이다."

여러분 안에서 지금 소망하고 있는 상태를 세상으로 나타나게끔 충동질하고 있는 것이 누군지를 안다면, 그 작은 시야로 보는 것을 멈추고 그가 스스로 그 일을 하게끔 놔둘 겁니다.

예수가 여러분에게 다섯 남편을 가지고 있다고 말하자, 여러분은 다섯 남편을 가지고 있지 않다고 대답합니다. 우리의 오감을 뜻하는 다섯 남편은 매순간마다 그들이 가져오는 한계들로 우리를 잉태시킵니다. 감각들은 오늘, 내일, 그리고 미래에 어떤 아이들을 낳을지에 대해 여러분에게 말해주고 있습니다. 다섯 가지 감각들은 하느님의 위대한 자궁이라 말할 수 있는 여러분의 의식을 지속적으로 잉태시키는 다섯 명의 남편들과 같습니다. 그리고 감각기관들이 매순간마다 받아들이고 있는 감각의 증거들은 여러분에게 무엇을 진실로 받아들여야 할지를 설득하고 명령합니다.

  예수가 말하기를, 여러분이 남편으로 삼고자 하는 사람은 현재 여러분의 남편이 아니라고 합니다. 다른 말로 하자면, 여섯 번째는 아직 그녀를 임신시키지 못했다는 말입니다. 다섯 남편들은 그 여인이 원하는 것을 부정하고 있습니다. 그리고 그들 다섯은 권위를 가지고, 무엇을 진실로 받아들여야 하는지 말합니다. 여러분이 원하고 있는 것들을 실제처럼 느끼지 못하고, 그것으로 마음을 채우지 못하고, 그것으로 마음을 임신시키지 못하고 있습니다. 지금 남편이라 부르는 자들은 진정한 남편이 아닙니다. 왜냐하면 그 다섯 남편들이 잉태시켜 낳게 하는 아이는, 여러분이 원하는 아이가 아니기 때문입니다. 닮은 아이를 출산한다는 사실은 그가 남편이라는 증거이거나, 적어도 그와 정을 통하고 있다는 것을 나타냅니다. 그래서 아직 여섯 번째 남편과 닮은 아이를 출산하고 있지 않고 단지 다섯 남편과 닮은 아이를 출산하고 있을 뿐입니다.

그 후에 예수가 나를 보며, 내가 알고 있었던 모든 것들에 대해 말합니다. 다시 마음의 눈을 통해 보겠습니다. 깨어난 이성이 내게 말하기를, 지금껏 사는 동안 감각기관이 주는 한계만을 받아들이며 살았다고 합니다. 항상 감각이 내놓은 증거만을 사실로 받아들여서 아침, 점심, 저녁 그 감각들이 증거로 내놓은 것만을 세상에 태어나게 했습니다.

깨어난 이성이 말하기를, 나는 태어나면서 이들 다섯만을 알고 지냈다 합니다. 이제 이 다섯 감각의 한계로부터 벗어나고 싶습니다. 그러나 아직 나에게는 이들 다섯이 거부하고 있는 것들을 나라고 받아들이고 생각할 수 있을 만큼 확신에 차 있지 않습니다. 결국 이 감각의 한계들을 벗어나 이성이 거부하는 것들을 넘어서 발을 내디딜 용기는 없지만, 내가 해야 할 일이 무엇인지는 인식하면서, 이곳에 그대로 머물러 있습니다.

예수는 이렇게 말합니다. "나에게는 너희들이 알지 못하는 음식이 있다. 나는 하늘에서 내려온 빵이며, 나는 포도주이다." 저는 제가 원하는 것들을 알고 있고, 저는 그 빵이기 때문에 그것을 즐깁니다. 제가 이 방 안에서 여러분에게 말을 하고 있고, 여러분은 제 말을 듣고 있다는 사실을 즐기는 대신에 그리고 로스앤젤레스에 있다는 사실을 즐기는 대신에, 저는 다른 곳에 있고 다른 곳에 있는 것처럼 걸어가고 있는 사실을 즐깁니다. 그러다보면 점차적으로 저는 제가 즐기고 있는 모습이 되어갑니다.

* * * *

저에 대한 개인적인 이야기 두 개를 하겠습니다. 저는 어렸을 때 바베이도스라는 작은 섬 안에서 외부와 단절된 채 살았습니다. 바베이도스에서 가축들에게 주는 먹이는 바다를 건너서 들여와야 하기 때문에 굉장히 비쌌습니다. 저희 형제들은 10명이었고 부모님과 할머니를 합해 전부 13명의 대가족이었습니다. 한 주가 시작되는 즈음에 어머니가 요리사에게 이렇게 말하던 것이 기억납니다. "일요일 저녁으로 먹으려 하니까, 오리 세 마리를 떼어 놓아야겠어요." 이렇게 말하면, 요리사는 뜰에 있는 오리 무리에서 세 마리를 잡아서, 무리에서 떼어낸 오리 세 마리를 작은 축사에 넣어 아침, 점심, 저녁으로 옥수수랑 나중에 오리에서 맛이 나기 원하는 것을 먹이로 주어 배를 채우게 합니다.

  이것은 오리들이 이전까지 먹던 식단과는 완전히 다릅니다. 원래 이런 조류들의 먹이는 물고기입니다. 바베이도스는 물고기가 아주 값싸고 많이 있기 때문에 평소에는 물고기를 먹이로 줍니다. 그런데 물고기로 키운 것들은 우리가 지금 먹고 있는 오리와는 비교할 수 없을 만큼 맛이 없습니다.

  요리사는 오리 세 마리를 작은 축사에 따로 가두어서 일주일 간 옥수수나 신 우유 등을 주거나 아니면 나중에 오리에서 특별한 맛이 나기 원하는 것들을 먹이로 줍니다. 그리고 7일 후에 오리를 잡아 식탁위에 올렸을 때 그것들은 옥수수와 우유로 키운 아주 맛있는 오리가 됩니다.

  그런데 가끔은 요리사가 식사로 나올 오리를 따로 떼어놓는 것을 깜박 잊을 때가 있습니다. 아버지께서는 평소 하던 대로 요리사가 따로 떼어놓았을 거라 믿고는 물고기로 키운 세 마리 오리를 식탁에 올려놓습니다. 정말 물고기로 키운 오리들은 손도 댈 수 없을 정도로 맛이 없습니다.

  인간은 생각하는 자로서 정신적인 존재입니다. 인간은 물질적인 음식을 먹고 형성된 존재가 아니라 정신적으로 제공된 음식을 먹고 형성된 존재입니다. 우리는 정신적으로 제공된 음식이 구체화된 존재입니다.

그 오리에게 아침에는 옥수수를 주었다가, 점심에는 물고기를 주었다가, 저녁에는 다른 것을 주고 이렇게 해서는 안 됩니다. 식단이 완전히 바뀌어야만 합니다.

우리의 경우에도 아침에는 명상을 하고, 점심에는 누군가를 저주하고, 저녁에는 또 어떤 다른 행동들을 해서는 안 됩니다. 우리는 새로운 마음의 식단에 들어가서 일주일 동안 마음의 음식들을 완벽하게 바꿔야만 합니다. "무엇에서든지 진실하며, 무엇에서든지 정직하며, 무엇에서든지 공정하고, 무엇에서든지 순수하고, 무엇에서든지 좋은 평판을 얻고, 만약 어떤 덕이 있거나 어떤 칭찬할 것이 있으면 그것들을 생각하라."[빌립보서 4:8]

사람은 마음 안에서 생각한 대로, 그렇게 됩니다. 세상에 나타내고 싶은 마음의 음식을 골라내서 그것을 즐긴다면 그렇게 될 겁니다.

이젠 제가 왜 오늘날과 같은 일을 하고 있는지 말해보겠습니다. 1933년 뉴욕에서 나이가 지긋한 친구 압둘라 밑에서 5년 간 히브리어를 배웠습니다. 바로 그때가 정말, 저에게 쌓여있던 미신들을 먹어치우기 시작했던 시기입니다. 그에게 처음 갔을 때, 저는 미신으로 가득 차 있었습니다. 저는 고기를 먹지 않았습니다. 물고기도 닭도 먹지 않았습니다. 살아 있는 이런 종류의 것들은 아무것도 먹지 않았습니다. 성스럽게 되기 위해서 담배도 피지 않고, 술도 마시지 않았으며, 독신주의자의 삶을 살려고 노력했습니다.

압둘라가 말했습니다. "자네가 미쳤다고 말하지는 않겠네. 그런데 네빌, 자네가 하고 있는 그런 것들은 모두 어리석은 것들이야." 하지만 저는 그것들이 어리석은 것들이라고 생각할 수는 없었습니다.

1933년 11월, 저는 뉴욕에서 바베이도스로 떠나는 부모님께 작별 인사를 했습니다. 그 당시에 바베이도스를 떠난 지 12년이 지났던 때였지만, 바베이도스로 돌아가고 싶은 마음이 전혀 없었습니다. 저는 성공하지 못했었고, 성공한 가족들을 보러 집에 간다는 것이 부끄러웠습니다. 미국에서 12년을 지냈지만, 제 눈에 비친 제 자신은 실패자였습니다. 극장에서 일했었고 일 년에 걸쳐 돈을 벌면 그 다음 달에 다 써버렸습니다. 사람들의 기준으로 보나 제 자신의 기준으로 보나 저는 실패자였습니다.

11월에 부모님께 작별인사를 나눌 때까지만 해도 바베이도스에 가고 싶은 생각이 없었다는 것을 기억해 주십시오. 부모님이 탄 배는 떠나고 제가 다시 뉴욕의 거리로 돌아왔을 때 저는 갑자기 바베이도스에 가고 싶다는 생각에 사로잡혔습니다. 그때가 1933년이었습니다. 직업도 없고 75번가의 제 작은 방을 제외하고는 갈 곳도 없었던 시기였습니다. 곧장 압둘라에게 가서 말했습니다. "압, 정말 이상한 느낌이 들었어요. 12년 만에 처음으로 바베이도스에 가고 싶어졌어요."

그가 대답했습니다. "네빌, 만약 자네가 가고 싶다면, 자네는 이미 그곳에 있는 것이네."

너무도 이상한 말이었습니다. 제가 분명 뉴욕의 72번가에 있는데, 그는 제가 바베이도스에 있다고 말했습니다. 그에게 물었습니다. "무슨 뜻이죠, 압둘라, 제가 이미 갔다니?"

그가 말했습니다. "정말로 가기를 원하나?"

대답했습니다. "예."

그러자 그가 말했습니다. "자네가 이 문을 통해 나갈 때, 이젠 더 이상 72번가 거리를 걷는 것이 아니네. 야자수와 코코넛이 줄지어져 있는 거리를 걷고 있는 중이네. 이곳은 바베이도스인거지. 어떻게 그곳에 가게 될지에 대해서는 나에게 묻지 말게. 자네는 바베이도스에 있네. 이미 자네가 '그곳에 있을' 때, '어떻게'라고 말하지는 않네. 자네는 거기에 있네. 이제 자네가 거기에 있는 것처럼 걸어 나가게."

멍한 채로 그의 집을 나왔습니다. 저는 바베이도스에 있습니다. 저는 돈이 없습니다. 저는 일자리가 없습니다. 옷도 잘 차려입지 않고 있습니다. 그러나 저는 바베이도스에 있습니다.

그는 우리가 논쟁할 수 있는 부류의 사람이 아니었습니다. 2주가 지났지만, 처음 바베이도스에 가고 싶다고 말했을 때보다 더 나아진 것이 없었습니다. 그에게 말했습니다. "압, 저는 전적으로 당신을 신뢰하고 있어요. 그런데 어떻게 돌아가고 있는지 보이지가 않습니다. 여행을 떠나기 위한 돈이 한 푼도 안 모였어요." 저는 저의 상황을 말하기 시작했습니다.

그가 어떻게 행동했는지 아십니까? 압둘라는 에이스 카드처럼 흑인인데다가 터번을 머리에 걸치고 있습니다. 제가 거실에 앉아 있었는데 압둘라는 자리에서 일어나 자신의 서재로 들어가면서, 따라오지 말라는 뜻으로 문을 쾅 닫았습니다. 들어가면서 그가 말했습니다. "나는 자네에게 말해야 될 것들은 모두 말했네."

12월 3일에 저는 다시 압둘라 앞에 서서, 제가 바베이도스로 가는 일이 전혀 진전되지 않았다고 말했습니다. 그는 다시 말했습니다. "자네는 바베이도스에 있네."

저는 크리스마스까지 바베이도스에 가고 싶었는데, 그때까지 도착하는 마지막 배가 12월 6일 구 네리사항(old Nerissa)에서 출발하기로 예정되어 있었습니다. 12월 4일, 직업도 없고 갈 곳도 없이 늦게까지 잠들어 있었습니다. 일어나보니 문 밑에 바베이도스에서 온 편지 한 통이 도착해 있었습니다. 편지를 뜯어보자 작은 종이 하나가 나부끼며 바닥에 떨어졌습니다. 집어보니, 50달러짜리 수표였습니다.

저의 형 빅터에게서 온 편지였는데 내용은 이랬습니다. "나는 너에게 여기로 오라고 부탁하지는 않겠다. 네빌, 이건 명령이다. 우리 가족들 전부가 함께 모여 크리스마스를 지내본 적이 한 번도 없었다. 이번에 너만 온다면 크리스마스에 온 가족이 한 자리에 모일 수 있을 거다."

제일 큰 형, 세실이 집을 떠났을 때는 막내가 태어나기 전이었습니다. 그런 후에 한 명씩 차차 떠나기 시작해서, 우리 가족 역사에서 한 번도 식구 전체가 모였던 적이 없었습니다.

편지에는 계속 적혀 있었습니다. "너는 일하고 있는 것도 아니다. 네가 이곳에 오지 못할 이유는 없는 것 같구나. 그러니 크리스마스 전까지 꼭 오거라. 여기 50달러를 보내니, 이것들로 네가 여행하는 데에 필요한 옷들이며 신발이며 이런 것들을 사거라. 만약에 네가 술을 마신다면 바를 이용해라. 팁을 줄 필요도 없을 거다. 내가 선박을 찾아가서 너의 팁이며 추가비용들을 다 지불하겠다. 내가 뉴욕에 있는 퍼니스위디 선박회사에 전보를 쳐서 네가 사무실에 오면 티켓을 끊어주라고 말했다. 50달러는 필요한 소소한 것들을 사는 데에 써라. 내가 만나서 해결해줄 테니, 밖에 나가서 외상을 해놔도 좋다."

그래서 저는 퍼니스위디 선박회사에 가서 편지를 보여줬습니다. 그들은 그것을 읽어보더니 대답하기를, "빅터씨에게서 전보를 받았습니다. 그런데 안타깝게도 12월 6일 떠나는 배에 자리가 남아 있지 않군요. 유일하게 남은 것은 뉴욕항과 성 토마스(St. Thomas)항 사이에 3등급 자리밖에 없습니다. 손님께서 1등급 자리를 예약하셨지만, 뉴욕항에서 성토마스항까지는 3등급 자리로 여행을 하셔야 되겠는데요. 성토마스항에 도착을 하면 내리는 사람들이 있으니 그곳에서 바베이도스까지는 1등급 자리를 타실 수 있을 겁니다."라고 말했습니다.

저는 "알겠습니다. 그렇게 하죠."라고 말했습니다.

저는 12월 4일 오후에 다시 압둘라에게 가서 말했습니다. "정말 꿈같은 일이 벌어졌어요." 그도 기뻐할 거라 생각하면서 일어났던 일들을 말했습니다.

그가 뭐라고 말했는지 아십니까? 이렇게 말했습니다. "누가 3등급자리로 여행을 한다 했지? 내가 자네에게 3등급 자리로 여행하는 것을 보았다고 했던가? 자네는 바베이도스에 있고, 1등급 자리로 그곳에 도착했네."

12월 6일, 여행을 떠나기 전까지 그를 보지 못했습니다. 여권과 배를 타기 위한 서류를 가지고 항구에 도착했을 때 관리인이 말했습니다. "좋은 소식이 있습니다, 고다드씨! 예약을 취소한 손님이 계셔서 1등급 자리로 가게 되셨습니다."

압둘라는 생각에 믿음을 유지하면서 타협하지 않는 것의 중요함을 가르쳤습니다. 저는 제가 바베이도스에 있고 1등급 자리로 여행한다는 사실에 흔들렸고, 압둘라는 믿음을 끝까지 유지했습니다.

* * * *

우리가 배운 두 가지 성경 이야기의 의미에 관해 이야기해 보겠습니다. 우물은 깊은데, 양동이도 없고 줄도 없습니다. 추수하기까지는 넉 달이나 남았는데 예수는 "그대들이 알지 못하는 먹을 것이 나에게 있다. 나는 하늘로부터 내려온 빵이다."라고 말합니다.

여러분은 이미 원하는 것이 실현되었다는 상태에서 그 생각을 즐기고, 그 생각과 하나가 되십시오. 이미 원하는 모습이 되었다는 것을 사실로 받아들이고 걸어 나가십시오. 그것을 즐기고 마음의 식단에 믿음을 유지한다면 세상 속에서 모습을 드러낼 겁니다. 이 세상 안에서 여러분은 바로 그렇게 될 겁니다.

바베이도스에서 아주 행복한 3개월을 보내고, 1934년에 뉴욕에 돌아왔을 때 저는 수년간 하지 않았던 술, 담배 등 여러 가지 것들을 다시 했습니다.

저는 압둘라가 저에게 했던 말이 기억났습니다. "네빌, 자네가 이 법칙을 증명한 후에는 정상으로 돌아올 거네. 자네는 무덤으로부터 걸어 나오게 될 거고, 성스러워지고 있다고 믿었던 죽은 과거로부터 걸어 나오게 될 거세. 네빌, 자네가 지금 좋아지고 있다고 생각하면서 하고 있는 것들은 모두 다 아무짝에도 쓸모없는 것들이네."

저는 완전히 다른 사람이 되어 다시 지상을 걷게 되었습니다. 1934년 2월, 그날부터 보다 풍성하게 삶을 살기 시작했습니다. 솔직히 말해 항상 성공만 했다고 말씀드리지는 못하겠습니다. 제가 의식의 움직임을 완벽하게 통제해서 현현하고자 하는 생각들에 항상 믿음을 유지할 수 있다고 여러분에게 말한다면, 세상에서 제가 저지른 많은 실수와 실패가 그 말이 틀렸음을 보여줄 겁니다.

하지만 고대의 스승들처럼, 비록 과거에 실패한 듯 보일지라도, 저는 매일매일 이 세상에서 제가 되고자 하는 존재가 되기 위해 앞으로 나아가고 있습니다. 판단하는 것을 멈추십시오. 그리고 이성과 감각들이 말하고 있는 것들을 받아들이지 마십시오. 그런 후에 새로운 식단에 믿음을 가진다면 여러분이 믿음을 주고 있는 이상을 세상에 나타낼 수 있을 겁니다.

세상에서 바베이도스와 가장 다른 곳을 찾아보라고 한다면 그곳은 뉴욕일 겁니다. 바베이도스에서 가장 높은 빌딩은 3층이고, 거리에는 야자수와 코코넛 나무 같은 열대성 나무들이 줄지어 있습니다. 그런데 뉴욕에서 나무를 보려면 공원을 가야만 합니다. 그런데도 저는 바베이도스의 거리를 걷는 것처럼 뉴욕의 거리를 걸어야만 했습니다. 상상 속에서는 그 어떤 것도 전부 가능합니다. 저는 실제로 바베이도스의 거리를 걷는 것처럼 걸었습니다. 그리고 그 상상 속에서 코코넛이 늘어선 거리의 향기를 거의 맡을 수 있었습니다. 만약 바베이도스에 있었다면 현실적으로 만났을 만한 환경을 마음의 눈 속에서 그리기 시작했습니다.

제가 이 상상에 믿음을 유지했을 때 누군가가 여행을 취소했고 제가 그 티켓을 받았습니다. 한 번도 제가 집에 오는 걸 생각해본 적 없던 바베이도스에 있는 형이 낯선 편지 하나를 쓸 충동을 갖게 됩니다. 형은 제게 단 한 번도 명령이란 걸 내렸던 적이 없습니다. 그러나 이번에는 명령을 했습니다. 그리고 형은 저를 집으로 방문시키겠다는 생각을 스스로 했다고 믿었습니다.

저는 꿈같은 3개월의 시간을 보내고 1등급 좌석을 타고 집으로 돌아왔습니다. 그리고 제 주머니에는 선물로 약간의 돈이 들어 있었습니다. 만약에 제가 이 모든 경비들을 지불했다면 3000달러 정도를 썼을 겁니다. 그러나 저는 주머니에 있는 동전 하나 쓰지 않았습니다.

"나에게는 그대가 모르는 길이 있다. 나의 길들은 그대가 이해할 수 없더라."

차원적으로 더 거대한 내부의 자아는 저의 상상을 명령으로 받아들였고, 편지를 쓰도록 형의 행동에 영향을 미쳤고, 1등급 좌석 여행을 취소하도록 누군가의 행동에 영향을 미쳤습니다. 거대한 내부의 자아는 제가 하나 되었던 상상을 실현시키도록 필요한 모든 일들을 준비했습니다.

저는 바베이도스에 있다는 느낌과 저를 하나로 만들었습니다. 마치 그곳에 있는 것처럼 잠에 들자, 주변 모든 사람의 행동들은 제가 상상한 것에 맞춰서 일어났습니다. 저는 퍼니스위디 선박회사에 가서 승차권을 구걸하고 1등급 좌석을 예약한 사람의 취소를 부탁할 필요가 없었습니다. 또 저의 형한테 편지를 써서 돈을 좀 보내달라고 구걸하거나 승차권을 사달라고 조를 필요가 없었습니다. 형은 그 행동을 스스로 했다고 생각했습니다. 실제로 오늘날까지도, 형은 저를 집으로 오도록 만들겠다는 마음속 충동이 본인에 의해서 생겼다고 믿습니다.

나이가 지긋한 친구 압둘라는 제게 확실히 말했습니다. "네빌, 자네는 바베이도스에 있네. 자네가 그곳에 가기를 원한다면, 그곳이 어디일지라도 자네는 그곳에 있는 걸세. 마치 그곳에 있는 듯 살게. 그러면 그렇게 될 걸세."

모든 사람들은 세상에 대해 두 가지 시선을 지니고 있습니다. 여러분이 누구인지는 상관없습니다. 여인의 몸에서 태어난 모든 아이들은 그 인종에 상관없이, 그 국적에 상관없이, 그가 믿는 신조에 상관없이 세상을 바라보는 뚜렷하게 구분되는 두 가지 시선을 가지고 있습니다.

여러분은 현실적인 사람으로서 하느님의 영이 주는 것들

을 어리석은 것이라 여겨 받지 않는 사람이거나, 영적인 사람으로서 모든 것들은 차원적으로 보다 더 넓은 세상에 지금 실제로 존재하기 때문에 감각의 한계를 넘어서 인지하는 사람입니다. 추수하기 위해 넉 달을 기다릴 필요가 없습니다. 여러분은 우물 앞에 있는 사마리아 여인이거나 예수입니다.

여러분은 다섯 행각에서 연못이 흔들리면 누군가가 자신을 밀어 넣어주기를 기다리고 있는 사람이거나, 다른 사람들이 기다리는 것과 상관없이 스스로에게 일어나 걸으라고 명령할 수 있는 사람입니다.

여러분은 공동묘지의 무덤 뒤에 숨어 지내면서 선입견들이 씻겨나가는 것이 두려워, 쫓아내지 말아달라고 애원하는 사람입니까? 사람들에게서 가장 버리기 힘든 것들은 그들이 가지고 있는 미신과 선입견입니다. 무슨 보물이나 되는 듯 이런 것들을 꼭 쥐고 있습니다. 이런 것들이 씻겨 나가서 자유로워질 때, 여러분의 마음인 자궁은 자동적으로 치유됩니다. 그래서 여러분은, 소망의 씨앗들이 뿌리를 내리고 현현 속으로 자라날 수 있는, 준비된 토양이 됩니다. 지금 가슴 속에서 태어나려는 아이는 여러분이 현재 갖고 있는 소망입니다. 현재 갖고 있는 소망은 아픈 듯 보이는 아이입니다.

지금 여러분이 원하는 모습이 되었다는 태도를 취할 때 더 이상의 흔들림이 사라지기 때문에 아이는 잠시 동안 죽은 듯이 보입니다. 원하던 모습이 된 것을 느낄 때 그 상상 속에서 만족을 느끼기 때문에 여러분은 더 이상 흔들릴 수 없습니다. 그렇게 흔들리지 않는 모습을 겉으로만 보고 판단한다면, 여러분이 더 이상 그것을 원하지 않는 것처럼 보여 사람들이 보기에는 여러분의 바람 혹은 여러분의 아이가 죽었다고 생각할 겁니다. 더 이상 비밀스러운 야망을 이야기하지 않는 여러분을 보며, 사람들은 여러분이 야망을 잃었구나 생각합니다. 하지만 여러분은 완벽히 그 이상에 자신을 맞췄습니다. 원하는 모습이 되었단 것을 사실로 받아들였습니다. 여러분은 "그녀는 죽은 것이 아니라, 잠들어 있을 뿐이다."라고 말하며, "나는 그녀를 깨우러 간다."고 할 수 있을 겁니다.

내가 원하는 모습이 이미 되었다는 믿음 속에서 걸어 나갑니다. 그렇게 걸어갈 때 잠든 여자아이를 고요하게 깨웁니다. 그리고 그녀가 일어나면, 먹을 것을 주는 것처럼 일상적이고 자연스러운 행동을 할 겁니다. 그것을 떠벌리고 다니거나 다른 이들에게 말하지 않을 겁니다. 지금 내가 원하는 상태에 주의를 기울여 그것에 생명을 불어넣습니다. 그것을 내 세상 안에서 유지하기 위해 계속 주의를 기울입니다.

주의를 기울이지 않는 것들은 내 세상 속에서 점차 시들어 버립니다. 그것들이 그냥 태어나서 그대로 남아있는 것은 아닙니다. 내가 그것들이 되었다고 인식했기 때문에 그것들에 생명이 생긴 것입니다. 그것들을 내 세상 속에 구현하는 것은 끝이 아니라 시작일 뿐입니다. 이제 나는 그 상태를 지속시키기 위해 주의를 기울여야 하는 어머니가 되었습니다. 그 상태에 주의를 기울이지 않는 날은 그것에 대한 나의 관심이 멀어진 날이며, 그 상태는 내 세상 속에서 점차 사라지게 됩니다. 내가 내 세상의 다른 것들에 주의를 기울일 때, 그것들은 점점 희미해집니다.

여러분은 여러분 앞의 장애물에 주의를 기울여서 영양을 공급하고는 그 장애를 산처럼 거대한 것으로 만들 수도 있습니다. 아니면 소망들에 주의를 기울일 수 있습니다. 그러기 위해서 여러분은 이미 원하는 모습이 되었다는 것을 사실로 받아들여야 합니다.

오늘날 우리가 3차원적인 시야와 4차원적인 시야를 이야기할 때, 고대의 교사들이 모든 사람들 마음속의 이 두 가지 초점들을 충분히 이해하지 못했다고는 생각하지 마십시오. 그들은 충분한 이해 속에서 이 두 가지를 인격화시켰고, 우리가 지금 할 수 있는 것들을 우리에게 뺏는 유일한 것은 습관이라는 것을 보여주려고 하였습니다. 습관이라는 것이 법칙은 아니지만, 모든 심리학자들이 말하기를 원하는 것을 성취하는 데에 가로놓여진 가장 거대한 장애물이라고 이야기합니다. 습관은 철저하게 인간을 한계 속에 묶어둬, 습관이 아니었으면 이루었을 것들에 대해 완전히 눈을 멀게 합니다.

지금 원하는 모습을 마음속으로 보면서 이미 그 모습이 되었다고 느끼기 시작하십시오. 그리고 아침, 점심, 저녁 그 느낌 속에서 그것들을 즐기십시오. 저는 성경을 세심하게 살펴보면서, 3일보다 더 긴 기간이 있는지 찾아보았는데 그건 없었습니다.

"예수께서 대답하시어 그들에게, '사원을 무너뜨려라, 그러면 3일 안에 나는 그것을 일으켜 세울 것이니라'고 말씀하시더라." [요한복음 2:19]

"음식물을 챙기어라. 3일 동안 그대는 이 요르단을 건너, 주 하느님께서 너에게 가지라고 주었던 그 땅을 갖기 위해 가게 될 것이라." [여호수아서 1:11]

만약 하나의 느낌에 마음을 푹 적셔서 이미 사실이 된 것처럼 걸어 나갈 때 믿음만 유지한다면 3일간의 마음의 식단 이상 걸리지 않을 것이라고 저는 약속드립니다. (저는 이 위대한 책에서 제가 말씀드린 것과 모순되는 구절을 찾을 수 없었습니다.) 그러나 일관된 마음을 지녀야만 합니다. 만약 하루 중의 식단을 바꾼다면(믿음을 바꾼다면), 그 기간은 늘어날 겁니다. 여러분은 제게 묻습니다. "그런데 어떻게 제가 그 기간에 대해 알죠?" 여러분 자신이 그 기간을 결정합니다.

어떤 단어 하나가 오늘날 우리들을 혼란스럽게 만듭니다. 저도 그것을 깊게 살펴보기 전까지는 혼란스러웠습니다. "작용(Action)"이라는 단어입니다. 작용은 세상에서 가장 근원적인 것이라 말합니다. 원자는 아닙니다. 그것보다 더욱 근원적인 겁니다. 원자의 부분인, 전자 같은 것도 아닙니다. 더욱 더 근원적인 겁니다. 4차원적인 단위라 말합니다. 세상에서 가장 근원적인 것은 작용(Action)입니다.

여러분은 작용이 무엇인지 물을 겁니다. 물리학자들이 말하기를 작용이란 시간에 의해 증가되는 에너지라고 합니다. 이 말에 더욱 혼란을 느껴, 다시 물을 겁니다. "시간에 의해 증가되는 에너지? 그게 무슨 뜻이죠?" 물리학자들이 대답합니다. "아무리 강력한 자극을 가하더라도 일정한 시간 동안에는 반응이 일어나지 않습니다." 자극에 반응하는 최소한의 시간이 필요합니다. 그 시간이 지나지 않는다면, 아무런 반응이 일어나지 않습니다. 뒤집어보면, 반응이 일어나기 위해서는 요구되는 최소한의 자극이 필요하고, 그 자극이 없다면

4차원적으로 생각하기 163

시간이 아무리 지나도 반응이 일어나지 않습니다. 오늘날 세상에서 가장 근원적인 것들을 작용, 즉 시간에 의해 증가되는 에너지라고 말합니다.

성경은 그 기간을 3일로 잡았습니다. 그 기간은 세상에 대한 반응이 오는 3일을 말합니다. 원하는 모습이 된 것을 사실로 받아들이고 그것에 믿음을 유지해서 마치 내가 그렇게 된 듯 그 믿음 속에서 걸어 나간다면, 그것이 작용되는 최고 긴 시간은 3일입니다.

정말 이 세상에서 원하는 것이 있다면, 그것이 이루어졌다고 가정해보고 현실에서 겪을 만한 일을 상상 속에서 경험하십시오. 그리고 여러분이 상상 속에서 사실로 받아들인 세계를 거부하는 것들 모두에 대해 귀를 닫고 눈을 감으십시오. 이렇게 한다면 제가 로스앤젤레스를 떠나기 전에 여러분은 저에게 와서, 이전에는 희망사항일 뿐이었던 것들을 현실에서 실현시켰다고 말할 수 있을 겁니다.

지금 죽은 듯 보이는 아이를 살릴 수 있는, 이 지식을 여러분과 함께 나누는 것이 저의 기쁨이기도 합니다. 이 여자아이는 정말로 죽지 않고 단순히 잠들어 있을 뿐입니다. 여러분이 아이에게 먹을 것을 준다면 그 아이는 여러분의 세상 안에서 부활한, 살아있는 실체가 됩니다. 그래서 여러분은 저와 함께 그 기쁨을 나누고, 여러분의 기쁨 속에서 저 또한 기뻐할 수 있습니다.

이 강의의 목적은 여러분에게 여러분 자신이 곧 의식의 법칙, 즉 존재의 법칙이라는 것을 상기시키기 위함입니다. 여러분은 그 법칙입니다. 단지 그 법칙이 작용하는 것을 모를 뿐입니다. 지금까지 여러분은 원하지 않는 것들에게 영양을 공급해 생명을 주었습니다.

제가 여러분에게 드린 말씀들을 갖고 이 이론을 직접 시험해보십시오. 이 원리가 작동하지 않는다면 그것을 위안거리로 사용해서는 안 됩니다. 진실이 아니라면 그것을 완전히 버려야 합니다. 저는 그것이 진실이란 것을 압니다. 여러분은 그것이 사실이라고 증명하거나 사실이 아니라고 증명하기 전까지는 알지 못할 겁니다.

너무 많은 사람들이 이론을 받아들이면서 그것들을 직접 시험해보기를 두려워합니다. 왜냐하면 그것들이 실패할지도 모르기 때문입니다. 그렇다면 우리의 위치는 어떻습니까? 이론들이 정말로 진실인지 거짓인지 알기를 원하지 않기 때문에, 그것들을 시험해볼 정도로 용기를 내지 못하고 주저하고 있습니다. 여러분은 말합니다. "이것들이 정말 된다는 것을 꼭 시험해보지 않고서도 알 수 있어. 진짜로 시험해보기는 싫어. 가짜라고 증명되지 않는 한은, 이것으로 위안을 삼을 수 있잖아."

자신을 속이지 마십시오. 그렇게 생각하는 것이 현명하다고 생각하지 마십시오. 이 법칙이 사실이라고 증명하든지, 사실이 아니라고 증명하십시오. 만약 사실이 아님을 증명하기 위해 실험해본다면, 여러분은 사실이라는 것을 밝혀내게 될 것임을 저는 알고 있습니다. 그러면 그것으로 인해 저는 더 풍요롭게 될 겁니다. 돈이나 물건들을 가져서 풍요롭게 된 것이 아니라, 제가 믿고 여기서 가르치고 있는 것을 증명하는 살아있는 열매가 되었기 때문에 그렇습니다. 이 5일간의 강의가 여러분에게 실망을 주기보다는 여러분에게 성공과 만족을 던져주기를 바랍니다. 여러분이 제가 가르친 내용들을 갖고 진실인지 진실이 아닌지 증명하기 위해 직접 이 법칙들을 시험해볼 정도로 대담해지시기 바랍니다.

침묵의 시간에 들어가기 전에 기도의 기법들을 다시 한 번 간단하게 설명 드리겠습니다. 이 법칙을 적용할 때, 두 가지 방법을 쓸 수 있습니다. 여기 모인 분들 모두, 자신이 무엇을 원하는지 정확하게 알고 있어야 합니다. 여러분이 오늘밤 그 기법을 사용해서 결과를 제대로 얻지 못한다면, 내일도 그 원하는 것들에 대한 갈증이 여전히 남을 겁니다. 원하는 것이 무엇인지 정확히 안 후에 그것들이 성취된 것을 나타내는 단일하고 간단한 사건을 마음의 눈으로 구상하십시오. 그런 후에 여러분 자신이 그 사건의 주인공이 되어야 합니다. 영화관에서 영화를 보듯, 뒤로 물러나 앉아서 구경하는 대신에 그 드라마 속의 실제 배우가 되어야 합니다.

그 사건을 단일한 행위로 한정시키십시오. 악수를 하는 것이 여러분의 소망이 이루어졌다는 것을 나타낸다면 그 행동, 오로지 그 행동만을 하십시오. 악수를 하고, 상상 속에서 방황하면서, 저녁파티에 갔다가, 아니면 다른 장소에 갔다가 이러지 마십시오. 상상 속의 행동을 단순하게 악수를 하는 것, 그것으로만 제한시키십시오. 악수하는 것을 계속 반복해서 그 행동이 단단하고 명확한 실체로 느껴질 때까지 해야만 합니다.

만약 상상 속의 행동에 믿음을 유지하는 것이 어렵게 느껴진다면, 목적을 명확히 하고 여러분 소망이 이루어진 느낌을 하나의 단일한 문장으로 만드십시오. "멋지다."처럼 여러분 바람이 이루어졌다는 것을 나타내는 것으로 하십시오. 혹은 만약 누군가를 통해서 바람이 이루어진 것이라서 감사함을 느끼는 것이라면, "감사합니다."라고 말할 겁니다. 그리고 그 문장을 마치 자장가처럼 반복 또 반복하세요. 그래서 마음이 감사하는 마음, 그 하나의 감각만으로 가득 채워질 때까지 그렇게 반복하십시오.

이제 고요하게 자리에 앉아서, 소망이 이루어진 것을 나타내는 생각을 하나의 문장이나 하나의 행동으로 압축시켜 보겠습니다. 긴장을 풀고 몸을 움직이지 마십시오. 자, 이제 상상 속에서 그것들을 경험해보십시오.

상상 속에서 악수하는 것을 그린다고 해서, 여러분 육체의 손을 움직이지는 마십시오. 그건 그냥 그대로 움직이지 말고 있어야 합니다. 육체의 손 내부에 자리 잡은 손이 더욱 더 정교하고 더욱 더 실체에 가까운 손입니다. 여러분의 상상 속에서 그 손을 빼낼 수 있습니다. 여러분 상상 속의 손과 여러분 앞에 서 있는 친구의 상상의 손을 맞잡으시고, 악수하는 것을 느끼십시오. 상상 속의 육체가 활동을 하고 있더라도 실제 육체는 움직이지 말아야 합니다.

자, 침묵 속으로 들어가겠습니다.

네빌 고다드가 소망을 성취하는 방법으로 가르쳐준 것을 일컬어 "네빌링(Nevilling)"이라고 한다. 이 네빌링에는 기본적으로는 두 가지 방법을 말해주는데 하나는 상상력을 이용해서 내가 지금 소망이 이루어진 것을 상상하는 것이다. 그래서 이것을 현실이라고 속을 때까지 생생하게 하라고 말한다. 그리고 또 한 가지의 방법으로 말해주고 있는 것이 바로 잠에 들기 전에 소망이 이루어진 느낌을 갖고 그 이루어진 것에 놀라듯 "감사합니다." 혹은 "굉장해!"를 속으로 말하는 것, 혹은 소망이 이루어졌을 때 마치 신에게 감사를 전하듯 "감사합니다!"를 말하는 방법이 있다. 이 방법은 상상력을 현실처럼 느끼기 힘든 사람에게 더욱 적합한 방법일 거라 말한다. 다음은 네빌고다드의 부활에 실린, 이 기법을 사용한 한 여성의 일화이다.

느낌이 열쇠이다

　우리 모두 동화책을 좋아하지만 동화책에 나오는 믿을 수 없는 부와 행운들은 아주 어린 아이들을 위해서만 쓰인 거라 생각합니다. 하지만 정말 그럴까요? 제가 지금 이야기하는 것은 상상력의 힘을 사용하여 저에게 일어난 믿기지 않는 놀라운 이야기입니다. 게다가 저는 나이도 적지 않습니다. 현시대는 전설이나 마법 같은 것을 더 이상 믿지 않습니다. 하지만 단순히 '상상이 현실을 창조한다'는 것과 '느낌은 상상의 비밀'이라고 선생님이 가르친 것을 사용한 결과, 갖고 싶었던 모든 것들이 저에게 주어졌습니다.

이런 기적 같은 일이 일어났을 당시에 저는 실직상태였고 기댈 가족조차 없었습니다. 제가 필요한 것은 그야말로 생활에 필요한 모든 것이었습니다. 직업을 구하려면 찾아보러 다닐 수 있는 차가 필요했는데 제 차는 너무 낡아 이젠 고물상에 갈 날만 기다리고 있는 처지였습니다. 방세도 밀린 상태였고 직장을 구하러 다닐 마땅한 옷도 없었습니다. 그리고 오늘 같은 세상에 55세의 여자가 어떤 종류의 직업을 얻는 것 자체도 힘든 일이었습니다. 예금계좌는 거의 바닥을 보였고 기댈 친구조차 없었습니다.

그래도 저는 거의 1년에 걸쳐 선생님의 강의에 참석했었고, 저의 절망이 제가 상상력을 쓰게끔 재촉하고 있었습니다. 말 그대로 저는 잃을 것이 하나도 없었습니다. 제 자신이 필요한 것을 하나하나 모두 가지고 있다고 상상하며 시작하는 것이 당연했습니다. 그런데 저는 너무도 많은 것들이 필요했기 때문에 그렇게 일일이 필요한 것들을 다 이루어내기에는 벅찬 일이었습니다. 걱정이 굉장히 많아져 잠을 이룰 수가 없었습니다. 어느 날 저녁, 선생님의 강의에서 단순히 '느낌', 또는 '굉장해!'라는 '말'을 사용했던 예술가의 경험담을 들었습니다. 제 경우에도 그렇게 해보기로 결심했습니다. 필요한 것을 모두 생각하고 상상하기보다는 제게 어떤 놀라운 일이, 내일도 아니고 다음 주도 아니고 바로 지금 일어나고 있다는 '느낌'을 가지려고 했습니다. 저는 잠에 들 때까지 계속 반복하고 또 반복했습니다. '굉장해! 마법 같은 일이 지금 일어나고 있어!' 그리고 그런 상태를 느끼면서 자려고 했습니다.

저는 그 상상과 느낌을 두 달 동안 밤마다 계속 반복했습니다. 10월 초에 몇 달 동안 보지 못했던 친구를 만났는데 친구는 뉴욕으로 여행을 떠나는 길이었습니다. 저도 몇 년 전에 뉴욕에서 살았던 경험이 있어 그 친구와 뉴욕에 대해 잠시 동안 이야기를 나누고 헤어졌습니다. 그리고는 그 일에 대해선 완전히 까먹고 지냈습니다. 한 달이 지나고 이 친구가 제 아파트에 왔습니다. 그리고는 저에게 제 이름으로 된 2500달러짜리 수표 하나를 건네주었습니다. 그렇게 많은 액수가 적혀있는 수표를 본 충격에서 깨어난 후에 제 앞에 펼쳐진 이야기는 마치 꿈만 같았습니다. 그것은 다른 한 친구와 관련되어 있었는데 그 친구는 저랑 25년 이상이나 만난 적도 소식을 들은 적도 없는 친구였습니다. 이 과거속의 친구는 저와 만나지 못했던 25년의 시간동안 엄청나게 큰 부자가 되어 있었습니다. 지금 저에게 수표를 가져다 준 친구는 뉴욕을 여행하던 지난달에 갑부가 된 그 친구를 우연히 만나게 되었습니다. 서로 이야기를 나누는 중에 저에 대한 이야기도 오고 갔고, 제가 알아서는 안 되는 어떤 이유로(오늘까지도 전 그에게서 개별적으로 듣지도 못했고, 그와 만나보려는 시도도 하지 않았습니다) 이 옛 친구는 자신이 얻은 큰 부를 저와 나누기로 결심했습니다.

그 후 2년 동안 필요한 일상의 물건들을 사는 데에 충분할 뿐만 아니라 자동차, 좋은 옷, 넓은 아파트와 같은 멋진 것들을 사는 데에도 충분한 액수의 수표를 그의 변호사로부터 매달 정기적으로 받았습니다. 제가 가장 좋았던 것은 매일 필요한 것을 구하러 다닐 필요가 없다는 것이었습니다.

저번 달에 한 통의 편지와 제 서명을 기다리는 계약서를 받았는데, 그 계약서에는 제 남은 생애동안 정기적으로 이 돈을 줄 것을 보장한다는 내용이 적혀있었습니다!

T.K

Hate : 증오를 품는다면

증오란 것은 우리가 증오의 대상을 몰아낸 승리의 순간,
우리를 다시 배신합니다. 우리를 배신해서
우리는 우리가 비난했던 사람의 모습이 돼 있고,
비난의 화살은 다시 우리를 겨냥해 있습니다.
모든 승리라고 불리는 것들은 승자와 패자의 위치를
바꿔놓아서 승자를 패자의 위치로 옮겨놓습니다.

우리는 우리 안에 단점이 있기 때문에 타인을 증오하는
겁니다. 인종들, 국가들, 종교 단체들은 수세기동안
근원적인 적의를 가지고 살아왔습니다.

마음속에 품고 있는 것과
우리를 비슷한 형태로 변화시키는 것,
그것은 사랑의 본질인 것처럼 증오의 본질이기도 합니다.

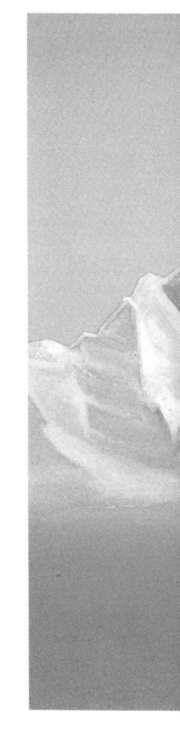

넷째날 강의

변화시켜야 할 것은 오직 자신뿐이다

 잠시 시간을 내어 지난밤에 말했던 것들을 다시 한번 정리해보겠습니다. 한 여성분께서 제가 지난밤에 말했던 것 때문에 저를 어떤 국가에 대해 적대적이라고 느끼셨답니다. 저는 어느 국가에 대해서도, 어떤 인종에 대해서도, 그리고 어떤 믿음들에 대해서도 적대적이지 않기를 정말 바랍니다. 제가 만약 어떤 한 국가를 인용했다면 그건 무언가를 설명하기 위해서 인용했던 것뿐입니다.

 제가 말하려고 했던 것은 '우리는 우리가 마음속에 품은 존재가 된다.'는 겁니다. 우리가 마음속에 증오를 품으면 그와 비슷한 모습으로 우리자신을 변화시키는 것처럼, 마음속에 사랑을 품는다면 사랑 역시 그와 비슷한 모습으로 우리를 변화시킬 겁니다. 지난밤 뉴스 기사 하나를 인용했었는데, 우리를 비추고 있는 거울을 부숴버려서 우리의 모습을 바꿀 수 있다고 생각한다면 자신을 속이는 것이라는 내용을 담은 기사였습니다.

전쟁과 혁명을 통해서 우리에게 거만함과 탐욕을 드러내던 사람들을 몰아냈을 때, 얼마 지나지 않아 우리의 모습은 우리가 몰아냈다고 생각했던 그 사람들처럼 돼 있습니다. 그래서 폭군을 몰아냈다고 생각했던 사람들은, 그들이 몰아냈다고 생각했던 바로 그 폭군의 모습이 돼 있습니다.

여러분의 이해를 위해서 다시 이 원리의 기본이 되는 것을 말해보겠습니다. 의식은 만물의 근원이자 유일한 실체입니다. 우리는 우리의 의식 안에 존재하는 것만을 볼 수 있을 뿐, 그 외의 것을 볼 수는 없습니다.

증오란 것은 우리가 증오의 대상을 몰아낸 승리의 순간, 우리를 다시 배신합니다. 우리를 배신해서 우리는 우리가 비난했던 사람의 모습이 돼 있고, 비난의 화살은 다시 우리를 겨냥해 있습니다. 모든 승리라고 불리는 것들은 승자와 패자의 위치를 바꿔놓아서 승자를 패자의 위치로 옮겨놓습니다. 우리는 우리 안에 단점이 있기 때문에 타인을 증오하는 겁니다. 인종들, 국가들, 종교 단체들은 수세기동안 근원적인 적의를 가지고 살아왔습니다. 마음속에 품고 있는 것과 우리를 비슷한 형태로 변화시키는 것, 그것은 사랑의 본질인 것처럼 증오의 본질이기도 합니다.

한 나라의 국민들이 서로에게 하는 것처럼, 국가는 또 다른 국가에게 그렇게 행동합니다. 노예제도가 있는 나라가 다른 나라를 공격한다면, 그것은 다른 나라를 노예로 만들려는 속셈으로 공격하는 겁니다. 마찬가지로 한 나라의 국민들 사이에 경제적으로 경쟁이 심하다면, 그 나라가 다른 국가와 전쟁을 치를 때 전쟁의 목적은 다른 나라의 상권을 붕괴시키는데 있을 겁니다. 한 국가 내에서 일부 지배적인 사람들이 다른 국민들을 지배하려고 한다면, 그들이 다른 국가와 전쟁을 벌이는 이유는 그 나라를 지배하려는 욕망 때문입니다.

우리는 마음 안의 영상과 느낌을 생생하게 가짐으로써 주변 세상에 영향력을 미칩니다. 그러나 이 3차원 세상에서 시간이란 것은 느리게 흘러갑니다. 그래서 안에 놓여 있는 마음과 바깥에 놓여 있는 눈에 보이는 세상 사이의 관계를 보지 못합니다.

바로 이것이 제가 말하고자 했던 것입니다. 저는 이렇게 말했다고 생각하는데, 여러분이 제 말 뜻을 오해하지 않았으면 합니다. 여러분과 저는 원하는 이상을 생각하고 그것과 사랑에 빠짐으로써, 그 이상처럼 될 수 있습니다. 반대로 우리가 싫어하는 것을 마음에 품고 그것들을 비난한다면, 오히려 싫어하던 그 모습으로 변하게 됩니다. 그런데 3차원 세상에서의 시간은 느리게 흘러갑니다. 그래서 우리는 마음속에서 계속 품었던 것이 정말 현실로 드러났을 때에도, 이전에 그것들을 좋아해서 마음에 간직하고 있었다는 기억이나 혹은 그것들을 싫어해서 마음속에 지니고 있었다는 기억을 잊어버립니다.

오늘 배울 내용은 성경의 핵심이니 집중해주십시오. 성경에서 묻고 있는 가장 중요한 질문은 마태복음 16장에 나타나 있습니다.

알다시피 성경의 모든 내용들은 바로 여러분의 이야기이고, 성경의 인물들은 인간의 마음속에서 살고 있습니다. 성경은 이 시간과 공간 속에 존재했던 어떤 사람의 이야기도 아니고, 지구 위에서 벌어진 어떤 사건도 아닙니다.

* * * *

오늘 살펴볼 마태복음의 이야기는 이렇게 시작됩니다. 예수는 그의 제자들에게 고개를 돌리고는 그들에게 묻습니다.

"사람들은 인간의 아들인 나를 무엇이라고 하더냐?" [마태복음 16:13]

그러자 그들은 말했습니다. "어떤 이들은 세례요한이라고 하고 어떤 이들은 엘리야라고 하고 어떤 이들은 예레미야 혹은 선지자들 중의 하나라고 하나이다."

"예수께서 그들에게 말씀하시니, '그러나 그대들은 내가 누구라고 말하느냐?'라고 하시더라."

"그러자 시몬 베드로가, '당신께서는 살아계신 하느님의 아들이신 그리스도이나이다'라고 말하더라."

"그러자 예수께서 대답하시어, '시몬 바요나, 너는 은총 받았다. 살과 피가 너에게 그것을 드러낸 것이 아니라, 하늘에 계신 나의 아버지가 그것을 드러내셨기 때문이니라'고 말씀하시더라."

"그리고 나는 그대에게 말하니, '그대는 베드로이다. 그래서 이 반석 위에 교회를 지을 것이니라.'" [마태복음 16:14-18]

이 이야기에서 예수가 그의 제자들(disciples)에게 고개를 돌리는 장면은 인간이 명상 속에서 자신의 훈련된(disciplined) 마음에 시선을 돌리는 것을 뜻합니다. 여러분은 여러분 자신에게 질문합니다. "사람들이 나를 무엇이라 말하는가?" 우리에게 맞게 고치면, "나는 사람들이 나를 어떻게 생각하는지 궁금하다."라고 말할 수 있습니다.

여러분은 스스로 대답합니다. "어떤 이들은 요한이 다시 돌아왔다고 하고, 어떤 이들은 엘리야라고 하며, 어떤 이들은 예레미야라고 하고, 또 다른 이들은 고대의 선지자가 다시 돌아왔다고 합니다."

여러분을 과거의 위대한 사람이라고 하거나 위대한 사람들과 닮았다고 하면 굉장히 우쭐거리게 됩니다. 그러나 깨어난 이성은 사람들이 말하는 것에 현혹되지 않습니다. 오로지 진리에만 신경을 쓰기 때문에 다시 한번 질문합니다. "그러나 그대는 나를 무엇이라 말하는가?" 다른 말로 하면, "나는 누구지?"란 질문을 스스로에게 하는 겁니다.

자신이 예수 그리스도라는 것을 사실로 받아들일 정도로 확신에 차 있다면, 그 대답은 "그대는 예수 그리스도입니다."일 겁니다. 내가 예수 그리스도라는 사실을 받아들이고 이 사실을 느끼고 이렇게 살아갈 때, 나 자신에게 이렇게 말할 겁니다. "살과 피는 이렇게 말하지 못하였다. 오로지 하늘에 계신 아버지만이 나에게 그것을 나타내주셨다." 그리고는 이런 자아에 대한 관념을 반석삼아 나의 세상인 나의 교회를 세울 겁니다.

"내가 그(He)임을 그대가 믿지 않는다면, 그대는 그대의 죄 안에서 죽을 것이다." [요한복음 8:24]

의식만이 유일한 실체이기 때문에 원하는 모습이 이미 되었다는 것을 사실로 받아들여야 합니다. 그렇게 하지 않는다면 지금의 모습은 변화하지 않은 채 그대로 유지될 것이고, 자신이라고 규정한 한계 속에 갇힌 채 죽음을 맞이하게 될 겁니다.

사람들은 언제나 기댈 곳을 찾습니다. 언제나 자신의 실패에 대한 변명거리를 찾고 있습니다. 그러나 제가 가르치고 있는 이 진리는 실패에 대해 어떤 변명거리도 주지 못합니다. 자기 자신에 대한 관념만이 삶의 모든 원인이라고 말합니다. 그래서 내부에서 먼저 변화가 찾아와야만 합니다. 바깥세상에서 변화가 찾아오지 않는다면, 그것은 내부 세상이 바뀌지 않아서입니다. 그러나 사람들은 나 자신만이 이 모든 환경들의 원인이라는 것을 진리로 받아들이는 것을 좋아하지 않습니다.

"그때로부터 예수님의 제자들 중 많은 수가 돌아가서, 더 이상 그와 함께 하지 않더라." "그러므로 예수님께서 열두 제자에게 말씀하시기를, '그대들도 떠날 것인가?'"

시몬 베드로가 대답하여 말했습니다. "주여, 우리가 누구에게 가겠습니까? 당신에게는 영원한 생명의 말씀이 있습니다." [요한복음 6:66-68]

자신에게 일어난 모든 일들을 설명하기 위해서는 유일한

실체이자 유일한 반석인 자신의 의식 안으로 고개를 돌려야 된다는 말을 들었다면 거부감이 일어날지도 모릅니다. 다른 이를 비난하는 것이 더 쉽습니다. 자기 자신의 불행에 대해 사회를 비난하고, 저 너머의 것 때문이라고 하고, 다른 나라를 탓하고, 이렇게 사는 것이 더 쉽습니다. 자기 기분이 안 좋을 때면 날씨 탓을 하며 사는 것이 더 쉽습니다.

하지만 자신에게 일어나는 모든 일들의 원인은 바로 자신이고 항상 내부의 상태에 따라 외부의 환경들이 형성되고 있다는 말을 기꺼이 받아들여야 합니다. 이 말이 사실이라면 누구에게로 가야합니까? 받아들이기에는 힘든 듯 보이지만, 이 말들이 영원한 생명의 말씀이라면 이 진리의 말씀을 향해 시선을 돌려야만 합니다.

이 법칙을 깊게 이해한다면, 다른 사람들의 의견은 문제가 되지 않는다는 것을 압니다. 왜냐하면 주변의 사람들은 오로지 내가 내 자신을 어떻게 규정하고 있는지를 말해주고 있기 때문입니다. 사람들이 내게 하는 행동들은, 단지 나 자신을 스스로 어떻게 규정했는지를 말해줄 뿐입니다. 이 말씀을 받아들여 그것과 함께 살아나간다면 마침내는 우리가 성경의 위대한 기도라고 부르는 것에 도달하게 됩니다. 요한복음 17장에서 말합니다.

"당신께서 나에게 하라고 주신 일들을 끝냈나이다." [요한복음 17:4]

"그리고 이제, 오 아버지시여, 세상이 있기도 전에 그대와 함께 있었던 영광을 가진 그대 자신의 자아와 함께 저를 영광스럽게 하소서." [요한복음 17:5]

"세상에서 그들과 함께 있는 동안, 저는 그대의 이름으로 그들을 지켰나이다. 저에게 주어진 것들은 제가 지켜서, 어떤 것도 잃지 않았나이다. 오로지 잃은 것이 있다면 멸망의 아들뿐입니다." [요한복음 17:2]

무언가를 잃는다는 것은 불가능합니다. 신의 질서 안에서는 어떤 것도 잃는 것이 없으며 죽음을 맞이한다는 것도 불가능합니다. 잠시 꽃 피웠던 작은 꽃조차 영원히 피어 있습니다. 지금 한계 속에 둘러싸인 여러분의 시선은 그것을 볼 수 없지만, 존재의 더 넓은 차원 속으로 들어가면 영원히 꽃이 피어 있는 것을 볼 수 있습니다. 언젠가는 볼 수 있을 겁니다.

자신에게 주어진 모든 것들을 그대의 이름 안에서 지켰습니다. 그리고 어떤 것도 잃은 것이 없습니다. 오로지 멸망의 아들만을 잃었습니다. 멸망의 아들은 '잃는다는 믿음'을 뜻합니다. 아들은 생각이자 관념입니다. 멸망(Perdido)은 잃는 것입니다. 그래서 진정으로 유일하게 잃는 것이 있다면, 그것은 잃는다는 믿음뿐입니다. 어떤 것도 잃는 것은 없습니다.

우리는 모든 것들이 존재하고 있는 천상의 영역으로부터 내려올 수 있습니다. 그래서 우리가 보다 낮은 의식 속으로 내려오면 천상의 영역에 존재했던 것들은 자신의 시야로부터 사라집니다. 그러면 여러분은 말할 겁니다. "나는 건강을 잃었어. 나는 재산을 잃었어. 나는 지위를 잃었어. 나는 믿음을 잃었어. 나는 많은 것들을 잃었어." 그러나 한 번 존재했던 것들은 그 존재를 멈추지 않습니다. 그것들은 시간이 지난다고 사라지지 않습니다.

더 낮은 수준의 의식으로 내려오면서 위에 존재했던 것들은 자신의 시야로부터 사라집니다. 그리고는 말합니다. "그것들이 사라져버렸어. 그것들은 내 세상 안에서 끝나버렸어." 우리가 다시 할 일은 그것들이 영원히 존재하는 높은 곳까지 의식을 끌어올리는 겁니다. 그리고 그것들이 다시 한번 세상 밖으로 나타나게 하고 자신의 세상 안에서 현실로 드러나게 하는 겁니다.

요한복음 17장의 핵심은 19절에 있습니다.

"또 그들을 위하여 내가 나를 신성하게 하오니 이는 그들도 진리로 신성함을 얻게 하려 함이다."

 이전에는 노력으로 다른 사람을 변화시킬 수 있다고 생각했습니다. 지금은 먼저 제 자신을 바꾸지 않는 한, 타인을 바꾸는 것이 불가능하다는 것을 알고 있습니다. 내 안의 세상 속에 존재하는 타인을 바꾸려면 그 사람에 대해 내가 지닌 관념을 먼저 바꿔야만 합니다. 최선의 방법은 자신에 대한 관념을 바꾸는 겁니다. 다른 이들을 볼 때, 자아에 대해 갖고 있는 나의 관념이 비추는 대로 그들을 보게 하기 때문입니다. 자신에 대한 관념이 고귀하고 고결하다면, 다른 이들에게서 고귀하지 않은 것들을 볼 순 없었을 겁니다.

 다른 이를 변화시키기 위해 그 사람과 논쟁을 하거나 싸우지 말고, 단순히 의식 속에서 보다 더 높은 곳까지 올라가십시오. 그러면 자신의 자아는 변화될 것이고 자연히 다른 이들도 변화될 겁니다.

 "변화시켜야 할 사람은 그 누구도 아닌 오로지 자신의 자아밖에 없다." 자아는 간단히 말해 여러분의 의식이자 인식입니다. 여러분이 자신에 대해 어떤 생각을 지니고 있느냐에 따라 그 자아가 사는 세상이 결정됩니다. 우리가 유일한 실체로서 시선을 향할 곳은 의식입니다. '의식이 전부이고 모든 것들은 의식'이라는 명제만이 주변에서 일어나는 사건들을 모두 설명할 수 있습니다.

다른 사람들의 도움이 없더라도 여러분은 원하는 것을 가질 수 있습니다. 제가 여러분에게 원하는 모습이 이미 되었다는 것을 사실로 받아들이라고 제안할 때, 현실의 도피처에 대해 말한다고 생각하면 안 됩니다.

원하는 것들이 정말 이루어졌다면 현실에서 일어날 만한 일을 느끼고 마음속에서 그것을 현실처럼 느낀다면, 상상했던 것들은 우리가 알지 못하는 방식으로 형체를 굳혀갈 겁니다. 우리가 사실로 받아들인 것이 이미 객관적이고 단단한 실체로 형체를 띠고 있는 수준까지 올라가기 위해, 우리가 해야 할 일은 이것이 전부입니다. 다른 이들을 바꿀 필요가 없습니다. 자신을 신성하게 해서, 그렇게 함으로써 타인을 성스럽게 합니다. 순수한 사람에게는 모든 것들이 순수하게 보입니다.

"그 본연의 속성상 깨끗하지 않은 것들은 없더라. 그러나 깨끗하지 않다 생각하는 자들에게는 그것들은 깨끗하지 않은 것이다." [로마서 14:14]

본질적으로 깨끗하지 않은 것은 없습니다. 오직 여러분 자아의 관념에 의해서 깨끗한 것인지, 깨끗하지 않은 것인지가 구별될 뿐입니다.

"나와 나의 아버지는 하나이다." [요한복음 10:30] "내가 아버지의 일을 하지 않는다면, 나를 믿지 말지어다." "그러나 만약 내가 아버지의 일들을 한다면, 그대가 나를 믿지 않더라도, 그 일들을 믿으라. 그대는 아버지가 내 안에 있고, 내가 그분 안에 존재한다는 것을 알게 될 것이고, 믿게 될 것이다." [요한복음 10:37, 38]

예수는 하느님과 자신을 하나로 만들었고, 그렇게 하는 것을 하느님의 일을 하는 데에 있어 이상한 것으로 생각하거나 신성에 대한 도전이라 생각하지 않았습니다. 여러분이 어떤 사람이냐에 따라 맺는 열매가 달라집니다. 배나무에서 배가 열리고 사과나무에서 사과가 열리는 것은 너무나도 당연한 일이고, 사람의 경우에도 자신 내부의 모습이 비추는 대로 삶의 환경을 만드는 것도 당연한 일입니다.

"나는 포도나무이고, 그대들은 가지들이다." [요한복음 15:5]

가지가 포도나무에 뿌리를 두지 않으면 생명을 가질 수 없습니다. 열매를 바꾸고 싶다면 포도나무를 바꾸어야 합니다.

제가 여러분을 인식하지 않는다면, 저의 세상 안에서 여러분은 존재하지 않습니다. 여러분은 저에게 뿌리내려 있고, 마치 포도나무의 열매가 그 증거를 가져오는 것처럼, 여러분은 저라는 포도나무의 증거를 가져옵니다. 여러분의 의식을 제외하면 실체라고 말할 수 있는 것은 세상에 존재하지 않습니다. 어쩌면 여러분은 지금 원하지 않는 모습으로 살아가고 있을지 모릅니다. 하지만 여러분이 이 상황을 변화시키기 위해 해야 할 일은, 그리고 여러분 세상에 있는 환경 속에서 변화를 일궈내기 위해 해야 할 일은 고요하게 지금 원하는 모습이 이미 되었단 것을 사실로 받아들이는 것뿐입니다. 그러면 우리가 알지 못하는 길을 통해 여러분은 그 모습이 될 겁니다. 이 세상을 바꾸는 유일한 방법입니다. 그 외에 다른 방법은 없습니다.

"나는 길이다(I am the way)."

즉, 나의 IAMness, 나의 의식은 나의 세상을 바꾸는 길입니다. 나 자신에 대한 관념을 바꾸면 세상이 바뀝니다. 어떤 사람이 우리를 훼방 놓는다면, 우리를 방해하고 있는 그 사람은 단지 우리의 관념 안에 써놓은 그대로 그들에게 주어진 역할을 자동적으로 했던 것뿐입니다. 그 사람들은 그들이 맡은 역할을 해야만 합니다. 왜냐하면 우리는 우리가 인식하고 있는 바로 그 존재이기 때문입니다.

세상이 이런 모습이었으면 좋겠다고 생각한다면, 여러분의 모습을 먼저 그렇게 변화시켜야만 합니다. 그래야만 세상은 변합니다. 이 세상에서 진정한 여러분의 것 중, 선물로 줄 수 있는 것은 여러분 자신밖에 없습니다. 세상이 변하길 원하는 모습으로 여러분이 먼저 변화하지 못한다면, 이 세상은 절대 그 모습으로 나타나지 않을 겁니다.

"그대가 그라는 것을 믿지 않는다면, 그대는 그대의 죄 안에서 죽을 것이다." [요한복음 8:24]

여기 계신 분들 중에서 그 어떤 분도 같은 세상에서 살 수 없다는 것을 아십니까? 오늘밤 우리는 자신의 세상으로 뻗어있는 집으로 갑니다. 완전히 다른 세상 안에서 방문을 걸어 잠급니다. 다음날 일어나 일터로 갑니다. 그곳에서 서로를 만납니다. 하지만 우리는 다른 정신세계, 다른 물질세계 안에서 살고 있습니다.

나 자신만을 유일하게 선물로 줄 수 있습니다. 그 외에는 줄 수 있는 것이 없습니다. 자신은 완벽하지 못하면서 세상이 완벽하길 바란다면, 내가 완벽하기 전까지는 세상을 완벽하게 볼 수 없다는 진리를 몰랐기 때문에 실패할 겁니다. 자신이 완벽하지 않다면 세상에서 완벽함을 볼 수 없습니다. 자신이 완벽해지는 날이 오면, 자신의 눈을 통해 세상을 보기 때문에 세상을 아름답게 봅니다.

"순수한 자에게는 모든 것들이 순수하다." [디도서 1:15]

제가 여기서 똑같은 말을 여러분들에게 하고 있지만, 똑같은 내용을 들었다고 말할 수 있는 사람은 없습니다. 여러분이 해야 할 일은, 제가 말하는 것을 여러분 자신을 통해서 듣는 겁니다. 여러분의 선입견들, 미신들, 그리고 자아에 대한 관념들을 통해 걸러져야만 합니다. 여러분이 어떤 존재이든 간에, 이 메시지는 여러분을 통해 주어지고 여러분에 의해서 채색됩니다.

여러분이 저를 다른 모습으로 보기 원한다면, 그래서 여러분의 베데스다 연못이 흔들린다면 제가 변하길 원하는 모습으로 여러분이 먼저 되어 있어야만 합니다. 우리는 다른 이들이 변했으면 하는 모습으로 먼저 되어 있어야만 합니다. 나 먼저 변하지 않는다면, 타인이 그런 모습으로 내 앞에 나타나는 것을 기대할 순 없습니다.

여러분의 의식과 저의 의식은 세상의 유일한 반석입니다. 성경에서는 베드로라고 말합니다. 인간 베드로가 아닌 절대적인 믿음입니다. 누구에게도 시선을 돌리지 않고, 요한이 다시 왔다고 사람들이 말해도 우쭐거리지 않는 절대적인 믿음입니다. 누군가 여러분을 가리켜 세례요한이 다시 왔다거나 예레미야 혹은 위대한 선지자 엘리야가 다시 왔다고 말한다면 여러분은 굉장히 우쭐거리게 만들 겁니다. 그때 나는 사람들의 아첨하는 소리에 귀를 닫고는 자신에게 묻습니다.

"하지만 솔직히 내가 누구지?"

태생적인 한계, 환경적인 한계와 나를 단순히 부모님에게 물려받은 몸으로 규정짓는 잘못된 관념을 거부하고, 내 안의 그리스도가 바로 나임을 느껴 이 느낌이 내 안에 자리를 잡아서 에너지의 자연스러운 중심부를 차지할 때까지 이것을 사실로 받아들여 유지합니다. 그러면 어떤 의도나 노력 없이도, 이 완벽함은 마음 안에 품어져 자연스럽게 솟아오르며 세상을 만들어 갑니다.

눈먼 자의 눈을 뜨게 하고, 듣지 못하는 자의 귀를 열게 하고, 슬픔에 기쁨을 주고, 보잘것없는 것들에게 아름다움을 줄 때, 오로지 그때만이 진정으로 포도나무를 내부 깊숙이 박아놓을 수 있습니다. 그런 기적들은 여러분이 진정으로 그리스도가 되었다는 것을 인식한다면 자연스럽게 이루어낼 일들입니다. 그(He)는 그의 행동으로 그리스도임을 나타냅니다.

우리 의식이 한 상태에서 다른 상태로 바뀔 때 겪는, 그런 평범한 잠시간의 의식의 변화는 진정한 변화라고 할 수 없습니다. 이런 변화는 시간이 지나면 원래의 상태로 순식간에 바뀔 수 있기 때문입니다. 그러나 우리의 믿음이 견고해져서 마음속에서 그 믿음과 모순되는 것들을 쫓아낼 정도가 되면 존재의 중심에 습관처럼 배인 생각이 우리의 존재를 명확하게 드러내게 됩니다. 우리는 이것을 진정한 변화라고 말할 수 있습니다.

예수, 즉 깨어난 이성은 사람들에게 끌려온 여인에게서 어떤 불순한 점도 찾지 못했습니다. 예수는 그녀에게 말합니다. "그대에게 죄를 묻는 자들이 없지 않느냐?" [요한복음 8:10]

"그녀가 말하기를, '주여, 아무도 저에게 죄를 묻지 아니하였나이다.' 그러자 예수께서 그녀에게 말씀하시기를, '나 역시 너에게 죄를 묻지 않노라. 가라 그리고 더 이상 죄를 짓지 말거라.'" [요한복음 8:11]

아름다운 존재는, 그 앞에 어떤 것을 가져다 놓아도, 오로지 아름다움만을 봅니다. 예수도 아름다운 것과 완벽하게 하나가 되었기 때문에 불결한 것들을 보지 못했습니다.

여러분과 제가 그리스도가 된 것을 인식하게 되면 우리 역시 병들어 굽어진 팔을 곧게 만들고, 인간들의 죽은 희망을 부활시킬 겁니다. 나를 단순하게 부모로부터 물려받은 몸이라 생각하게 만드는 잘못된 믿음 속에서는 할 수 없었던 일들을 해낼 것입니다. 이것은 확신에 차서 발걸음을 내딛는 것인데 가볍게 보아서는 안 됩니다. 왜냐하면 이렇게 함으로써 죽음을 맞이하게 되기 때문입니다. 3차원 세상의 인간인 요한은 4차원 세상의 자아인 예수에게 생명을 주기 위하여 자신은 참수를 당했습니다. 다른 말로 하자면 3차원적인 시야를 잃게 됩니다.

자아의 개념이 확장될 때 뿌리 속 깊이 박혀 있는 생각들을 떠나보내면서 어느 정도 고통이 따릅니다. 깊이 박혀 있는 생각들은 습관적으로 받아들인, 한계로 둘러싸인 자궁 속에다가 우리를 붙잡아 놓고 있습니다. 여러분이 지금껏 믿어왔던 것들을, 이젠 더 이상 믿지 않습니다. 여러분은 이제 우리의 의식 바깥에는 어떤 힘도 존재하지 않는다는 것을 알 겁니다. 그래서 여러분의 시선을 더 이상 자아의 외부로 향하지 않습니다.

의식 이외의 것들에 힘이 있다는 말에 귀를 기울이지 마십시오. 유일한 실체는 하느님이고 하느님은 다름 아닌 여러분의 의식이라는 사실을 알아야 합니다. 하느님 이외에는 아무것도 없습니다. 이 생각을 반석 삼아서 영원히 무너지지 않는 교회를 짓고, 여러분이 자기 힘으로 스스로 태어난 신성한 존재란 사실을 확신을 갖고 받아들이기 바랍니다. 요람에서도 주어지지 않았던 자아에 대한 관념, 어머니의 자궁 안에서도 만들어지지 않았던 자아에 대한 관념, 인간의 힘의 영역을 벗어난 곳에서 품어진 자아에 대한 관념을 감히 자기 것으로 만들었기 때문에, 여러분은 스스로의 힘으로 태어났다고 말할 수 있습니다.

이 이야기는 성경에서 아브라함의 두 아들에 대한 이야기로 아름답게 표현되었습니다. 두 아들 중 한 명은 이삭으로 인간의 힘의 영역을 벗어나 태어났고, 다른 한 명은 이스마엘로 노예에게서 태어났습니다. 아브라함의 아내 사라는 임신하기에는 나이가 많았습니다. 그래서 아브라함은 방랑자인 여종 하가와 정을 맺습니다. 하가는 아브라함의 아이를 임신하게 되고 이스마엘을 낳습니다. 이스마엘은 모든 사람들에게 적대적이었고, 모든 사람들도 그에게 적대적이었습니다.

여인에게서 태어난 모든 아이들은 그들이 영국의 왕실에서 태어나든 백악관에서 태어나든 아니면 어떤 굉장한 곳에서 태어나든, 모두들 주어진 환경들에 갇혀서 태어난, 속박 속에서 태어난 아이입니다. 이처럼 여인에게서 태어난 아이들은 성경에서 하가의 아들인, 이스마엘로 상징됐습니다.

그러나 아이들이 잠에 들었다면 축복받은 이삭이 됩니다. 이삭은 인간 능력의 영역을 넘어 태어났고, 오로지 믿음을 통해서 태어났습니다. 이 둘째 아이는 육체적인 아버지가 없습니다. 자기 힘으로 태어난 겁니다. 과연 무엇이 두 번째의 태어남입니까? 저는 인간이기에 다시 어머니의 자궁 안으로 돌아갈 수는 없습니다. 그런데 두 번째의 태어남이 일어나야만 한다고 합니다.

"한 인간이 다시 태어나지 않는다면, 그는 하느님의 왕국에 들어가지 못한다." [요한복음 3:3]

어떤 남자도 줄 수 없는 것, 어떤 여인도 줄 수 없는 것, 저는 그것을 고요히 제 것으로 만듭니다. 다시 말해 제가 하느님이라는 것을 확신에 차서 사실로 받아들입니다. 이것은 믿음으로 주어지는 겁니다. 이것은 약속으로 주어지는 겁니다. 그때야 저는 축복받을 수 있고 이삭이 될 수 있습니다.

축복받은 존재들이 할 수 있는 일들을 제 자신도 할 수 있기 시작할 때, 이스마엘의 속박을 넘어서 태어났다는 사실을 알게 되고 왕국의 상속자가 됩니다. 이스마엘은 그의 아버지가 아브라함, 즉 신인데도 불구하고 아무것도 상속받지 못했습니다. 이스마엘의 부모님 모두가 신적인 사람은 아니었습니다. 그의 어머니 하가는 노예였기에 아버지의 재산을 받을 수 없었습니다.

여러분은 아브라함이자 사라입니다. 여러분 자신의 의식 안에 갇힌 채 자신을 알아차려 주기를 기다리는 이가 있습니다. 구약에서는 그를 이삭이라 말하고 신약에서는 예수라 말합니다. 둘 다 인간의 도움 없이 태어난 사람들입니다.

그 누구도 여러분을 예수 그리스도라고 말해주지 않고, 그 누구도 여러분이 하느님이라는 사실을 말해주거나 확신시켜주지 못합니다. 여러분이 예수 그리스도라는 생각을 항상 간직해야 하고, 여러분이 만약 하느님이 된다면 어떨 것인지 궁금해해야 합니다. 의식이 전부이고 '모든 것은 의식'이라는 명제 외에는 일어나는 현상들을 설명할 수 없습니다. 자신의 마음속에서 잠재적으로 지니고 있는 것이 아니라면 어떤 것도 자신을 통해서 나타날 수 없습니다. 구하고자 하는 이상이 마음 안에서 잠재적으로 존재하지 않는다면 어떤 것도 절대 우리를 통해 나타날 수 없습니다.

제가 2년 전에 출간한 '더 서치(THE SEARCH)'에 나와 있는 저의 경험을 지금 다시 한 번 말해서, 강조해보고자 합니다. 이 책은 의식의 법칙을 이해하는 데에 도움을 줄 수 있습니다. 그리고 여러분 눈으로 보고 있는 것은 여러분 의식 안에 존재하는 것이기 때문에 변화시킬 사람은 외부에 없고 오로지 자신의 자아밖에 없다는 사실을 잘 보여줄 거라고 생각합니다.

바닷가에서 한가한 시간을 보내고 있을 때였습니다. 저는 "완벽한 상태"에 대해 명상을 하면서, 제가 바라보는 시선이 굉장히 순수해져서 어떤 부정한 것도 보이지 않고, 모든 것들이 순수하게 다가오고, 어떤 것도 비난하지 않는다면 어떤 모습일지 생각해봤습니다. 이 생각을 강렬하게 해서 그 속에 푹 빠지게 되었을 때, 제가 감각이라는 어두운 것들 위로 고양되어 있는 것을 발견했습니다. 몸이 공기가 되어 있는 것 같은 느낌이 들 정도로 느낌은 강렬했습니다. 그때 죽음과 싸워 이긴 승리자들의 찬양소리와 함께 천국의 합창 소리와 같은 음성이 들려왔습니다. "그는 깨어났다. 그는 깨어났다." 그리고 직관적으로 그들이 나를 두고 하는 말이란 것을 알았습니다.

그런 후에 제가 밤길을 걷는 듯 보였습니다. 그리고 곧 눈먼 자, 절름발이, 죽어가는 자 등 병이 깊은 많은 자들이 모여 있는 고대의 베데스다 연못과 같은 장면이 눈앞에 펼쳐졌습니다. 그런데 그들은 전통처럼 물이 흔들리는 때를 기다리는 것이 아니라 저를 기다리고 있었습니다.

그들에게 다가가자, 제가 어떤 생각이나 노력을 하지 않았는데도 차례대로 아름다움의 마법사가 마법을 부리는 것처럼 그들이 변해갔습니다. 완벽함이 제 안에서부터 솟아나는 것처럼 느껴졌는데, 그것과 조화를 이루어 그들의 눈, 손, 발 등 그들에게 없던 부분들이 눈에 보이지 않는 저장고로부터 나와서는 그들을 완벽하게 만들었습니다. 모든 것들이 완벽하게 되었을 때 합창소리가 들려왔습니다. "끝났다."

완벽함이라는 생각에 대해 집중된 명상을 했기 때문에 이런 영상이 나타났다는 것을 알고 있습니다. 마음속에서 응시한 완벽함은 그것과 저를 계속해서 하나로 만들었기 때문에 그런 영상이 저에게 나타났습니다. 저는 완벽한 생각들에 완전히 흡수되어 잠시 동안 마음속에서 응시한 것과 하나가 되었습니다. 그 순간 나와 하나가 된 고귀한 목적들이 그와 같은 부류의 것들을 끌어당겨서, 제 내부의 마음이 비추는 것과 같은 영상들을 창조했습니다. 우리와 하나가 된 이상은 연상 작용으로 수천 가지의 분위기를 깨워서 그 생각이 중심이 된 비전을 만들어냅니다.

이런 신비한 경험을 통해, 우리가 추구하는 완벽함이란 것은 우리 자아에 대한 변형 외에는 방법이 없다는 사실을 확신하게 되었습니다. 우리 자아를 변형시키는 것에 성공했을 때, 눈앞에서 이 세상은 마법처럼 녹아버립니다. 그리고 우리의 변형된 모습이 비추고 있는 것에 맞추어, 세상은 스스로를 다시 재건합니다.

우리가 마음속의 영상과 마음속의 느낌을 강렬하게 가짐으로써 우리는 주변의 세상을 만들고 있습니다. 자아에 대해 지니고 있는 관념에 좌우해서 우리의 삶을 빛나게 할 수도 있고 어둡게 할 수도 있습니다. 자기 자신에 대한 관념 외에 중요한 것은 없습니다. 그리고 우리 내부의 차원적으로 더 위대한 자(dimensionally greater One)인, 깊은 곳의 관념도 마찬가지입니다.

우리를 돕거나 방해하는 사람들은, 그들이 돕거나 방해한다는 사실을 알든 모르든, 우리의 마음에 맞춰 세상을 만들고 있는 의식의 법칙에 종속된 자들입니다. 자아에 대한 관념은 그 목적을 달성하기 위해서 물질적인 매개체를 쓰긴 하지만, 우리를 자유롭게 하거나 속박 속에 가두는 것은 우리 자아에 대한 관념입니다.

마음의 상태가 비추는 대로 외부 세계가 만들어지는 것이 삶이라면, 완벽함이 나타나기 위해서는 우리 자아를 변화시키는 길밖에 없습니다. 외부에서 도움을 구하지 마십시오. 우리가 눈을 들어서 우러러보고 있는 산도 나의 내부에 존재하는 마음 안의 산입니다. 그래서 모든 현상들을 설명할 수 있는 유일한 실체이자 유일한 기초로, 우리가 시선을 향해야 하는 곳은 우리 자신의 의식입니다. 자신 안에 지니고 있는 것만을 외부세계에 가져다주는 이 법칙의 정의에 완벽하게 기대야 합니다. 우리 자아에 대한 관념을 바꾸지 않고 세상을 바꾸려 하는 것은 자연의 섭리에 정면으로 충돌하는 겁니다. 내부의 변화가 일어나기 전까지 외부는 변화하지 않습니다.

"내부에서와 같이 외부에서도(As within, so without)."

제가 여러분에게 물질적인 방법과 투쟁을 통해서 원하는 것을 얻으려 하기 보다는 원하는 모습이 이미 되어 있는 것처럼 상상해야 하고 정신적으로 위대한 환경 속에서 살라고 말했을 때, 그 말들은 현실에 무관심한 인생관을 가지라는 것은 아닙니다. 의식을 변화시키지 않고 어떤 일을 하려 한다면, 겉에 보이는 문제만을 다루는 무익한 짓일 뿐입니다. 아무리 외부적으로 애쓰고 노력해봤자 자신의 자아 관념이 규정하고 있는 것만을 받게 됩니다. 주변에 일어나는 일들에 반응한다는 것은 우리 존재의 법칙에 대항하는 것이고 운명의 지배자가 되는 길에 대항하는 것입니다.

내 삶의 환경들은, 존재의 차원적으로 더 넓은 창고에서 영혼이란 것에 의해 만들어진다고 말할 수밖에 없습니다. 왜냐하면 자아관념에 의해서 삶의 환경들이 만들어지기 때문입니다. 삶에 어떤 고통이 주어졌다면 그 원인을 찾기 위해 내부로 시선을 돌려야 합니다. 왜냐하면 자아관념이 나를 이 곳으로 데리고 와서 고통을 겪게 했기 때문입니다.

우리가 이상적인 감정을 가지려 한다면, 쉽게 증오의 감정 속으로 내려갔던 것처럼 쉽게 이상적인 감정 상태로 솟아오를 수 있습니다. 사랑과 증오는 마법 같은 변화의 힘을 지니고 있습니다. 사랑이나 증오의 감정을 가지면, 우리는 마음속에 응시하고 있는 것과 비슷한 모습으로 변해갑니다. 증오라는 감정에 마음을 모으면, 우리가 적으로 생각했던 것들의 성격을 우리 안에 만들어냅니다. 또 어떤 상태든지 관심을 기울이지 않으면 사라지기 때문에, 벗어나고 싶은 상태에 대해 직접적인 공격을 하기보다는, "보잘것없는 것들에게 아름다움을, 슬픔에 기쁨을" 마음 안에 그려서 불쾌한 상태를 씻어내는 것이 최선입니다.

"무엇이든, 사랑스러운 것들과 듣기에 좋은 것들에 대해서 생각하라."

왜냐하면 우리는 우리와 함께 하고 있는 것들과 비슷한 모습으로 변화되기에 그렇습니다.

외부에서 변화시킬 사람은 없고 오로지 자신의 자아만이 그 변화의 대상입니다. 자아를 변형시키는 데에 성공한다면, 현재의 세상은 분해돼버렸다가 변형된 자아가 말하고 있는 것에 맞추어 다시 형태를 취합니다. 의식이 하강하게 된다면 내가 보고 있는 불완전함이 나타납니다. 신성한 질서 속에서는 어떤 것도 사라지는 것이 없습니다. 모든 것들이 그 본연의 생명을 지니고 있는 곳에서, 의식이 하강하는 경우를 제외하고는, 어떤 것도 잃는 것이 없습니다.

"이제, 아버지시여, 세상이 있기 전에 제가 아버지와 함께 누렸던 그 영광으로 저를 영광스럽게 하소서." [요한복음 17:5]

의식 안에서 위로 솟아오르게 되면 원래 나의 것이었던 힘과 영광이 다시 돌아오게 되고, 그때 이렇게 말하게 될 겁니다. "당신께서 하라고 주신 일들을 끝냈습니다." 그 과업들은 의식이 하강한 곳으로부터, 즉 내가 인간의 자식이었다고 믿는 곳으로부터, 아버지와 나는 하나이고, 나는 하느님의 자식이라는 것을 알 수 있는 천상의 세계로 돌아가는 겁니다.

의심할 여지없이 인간에게 주어진 유일한 과업은 자신의 관념을 위대함으로 채우고 그것을 계속 유지하는 것밖에 없다는 것을 저는 압니다. 내가 원하는 것들을 이미 이룬 것처럼 걸어 나간다면, 그렇게 사실로 받아들인 곳까지 솟아오르게 될 겁니다. 그리고 이 믿음이 세상을 만드는 것을 보게 될 겁니다. 이미 그것들이 존재하기 때문에 손가락 하나 까닥하지도 않을 겁니다. 항상 그것들은 존재했습니다.

여러분과 저는, 지금 우리가 있는 이 수준까지 의식 안에서 내려왔습니다. 우리는 이렇게 내려왔기 때문에 우리 눈에는 불완전함이 가득합니다! 비록 우리의 몸은 3차원 세상 속, 여기 이렇게 있지만, 의식이 솟아오르기 시작하면 여전히 이곳에 살고 있는 동안에도 전혀 다른 환경 속으로 옮겨가고, 전혀 다른 친구들과 전혀 다른 세상에 있는 것을 보게 됩니다. "나는 세상 안에 있는 것이지, 세상의 일부가 아니다."라는 굉장히 위대한 선언을 들어봤을 겁니다. 여러분들이 환경을 바꾸려고 노력하기보다는, 여러분들이 생각하는 이상적인 상태와 하나가 되기를 바랍니다.

여러분이 바라보고 있는 시선이 굉장히 순수해져서 어떤 부정한 것도 보이지 않고 모든 것들이 순수하게 다가오면서 어떤 비난도 하지 않는다면 어떤 느낌이겠습니까? 그 이상적인 상태를 생각하고 그것과 하나가 된다면, 그리스도로서 여러분 본연의 생명을 가진 곳까지 올라가게 될 겁니다.

세상이 존재하기도 전에 존재했었던 상태 속에서 여전히 여러분은 존재하고 있습니다. 유일하게 추락해버린 것이 있다면 그것은 자아에 대한 관념일 뿐입니다. 아무런 흠도 없는 것을, 여러분은 깨져버린 것으로 보고 있습니다. 지금 뒤틀린 눈을 통해서 사물들을 보고 있습니다. 여러분은 기괴한 모습으로 보이게 하는 거울 앞에 서서 길쭉한 모습의 자신을 보는 사람과 같습니다. 그러나 둘은 같은 사람입니다. 아니면 크고 뚱뚱하게 보이는 거울 앞에서 그 비춰진 모습을 보고 있는 사람일지도 모릅니다. 인간은 자신이 인식하는 그대로 나타나기 때문에 우리는 현재 왜곡된 자신의 모습을 보고 있습니다.

완벽함에 대한 생각을 가지고 노십시오. 누구에게도 도와 달라고 하지 말고, 대신에 요한복음 17장의 기도가 바로 여러분의 기도가 되게 하십시오. 세상이 존재하기도 전에 여러분의 것이었던 것들을 가지십시오.

"멸망의 아들을 제외하고는 어떤 것도 잃은 것이 없다."는 말이 담고 있는 진리를 깨달으십시오. 나의 신성한 산에서는 어떤 것도 잃게 되는 것이 없습니다. 여러분이 잃어버린 것이 있다면, 그것은 잃는다는 믿음, 즉 멸망의 아들뿐입니다.

"그리고 그들을 위하여 나는 나 자신을 신성하게 하나니, 그들도 진리를 통해 신성해지리라." [요한복음 17:19]

그 누구도 바꿀 필요가 없습니다. 오로지 자신의 자아만 바꾸면 됩니다. 이 세상 모두를 신성하게 바꾸는데 필요한 것은, 오직 여러분 자신을 신성하게 만드는 것뿐입니다. 마음의 눈 안에서 여러분 자신이 사랑스럽다는 사실을 확고히 한다면 아름답지 않은 것들은 더 이상 여러분의 시야에 존재하지 못합니다.

제가 말씀드리는 진리는 세상 어떤 지식보다 값어치 있는 진리입니다. 이 진리를 지켜내는 데에 용기, 아주 엄청난 용기를 필요로 합니다. 왜냐하면 많은 사람들은 오늘밤 이 진리를 듣고도 여전히 자신이 곤경에 처하게 되면 다른 사람을 비난하려고 할 것이기 때문에 그렇습니다. 사람들은 유일한 실체로 자신의 의식과 자기 자신에게로 시선을 돌린다는 것이 어렵다는 것을 깨닫게 될 겁니다. 다음 말들에 귀를 기울이십시오.

"나를 보내주신 아버지께서 이끌어주시지 않으신다면, 그 누구도 내게 올 수 없다." [요한복음 6:44]

"나와 아버지는 하나이다." [요한복음 10:30]

"하늘에서 주신 것이 아니라면, 인간은 아무것도 받을 수 없더라." [요한복음 3:27]

"그래서 아버지께서 나를 사랑하시니, 이는 나의 생명을 다시 얻기 위하여 나의 생명을 내려놓기 때문이더라."

"아무도 나에게서 생명을 뺏을 자가 없으나, 나는 그것을 스스로 내려놓는다." [요한복음 10:17,18]

"그대는 나를 선택하지 않았다. 내가 그대를 선택했다."

나 자신에 대한 관념이, 그 관념에 맞추어 세상을 만들고 사람들을 이끌어, 그들의 행동을 통해 지속적으로 내가 누구인지 말해주고 있습니다. 세상에서 가장 중요한 것은 여러분의 자아에 대한 관념입니다. 주변의 환경들과 삶의 조건들 그리고 사람들의 행동이 마음에 들지 않을 때, 여러분 자신에게 질문을 던져보십시오. "나는 누구인가?" 여러분이 싫어하는 대상의 원인이 무엇인지 알게 될 겁니다.

여러분이 스스로를 죄가 있다고 비난하지 않는다면 세상의 누구도 여러분을 비난하지 않을 겁니다. 이상을 인식하면서 산다면 어떤 비난할 것도 찾지 못하게 될 겁니다. "순수한 자에게는 모든 것들이 순수하다."

자, 이제 잠시 시간을 내서 제가 개인적으로 기도를 할 때 어떻게 하는지 그리고 저의 세상 속에서 변화를 불러일으키길 원할 때 어떻게 하고 있는지, 가능한 한 명쾌하게 설명하겠습니다. 여러분은 그것이 굉장히 흥미롭고 실제로 작동한다는 것을 알게 될 겁니다. 여기 계신 누구라도 이 법칙을 사용할 수 있습니다. 굉장히 간단해서 누구나 할 수 있습니다. 이 기법들은 따라하는데 어렵지 않을 겁니다. 그러나 여러분은 그것을 하기를 원해야만 합니다. "어 좋아. 한번 해볼까."

라는 마음 상태를 가지고는 해낼 수 없습니다. 진심으로 원해야만 합니다. 행동을 하게 만드는 큰 동기는 욕망입니다.

욕망이란 것은 모든 행동들을 이끌어내는 큰 동기입니다. 나는 지금 무엇을 원하고 있습니까? 목적을 뚜렷이 해야 합니다. 예를 들어 다른 곳에 가기를 원한다고 해봅시다. 바로 지금 이 순간에 정말로 다른 곳에 가기를 원하고 있습니다. 그렇다면 저 문을 통해서 밖으로 나갈 필요도, 앉을 필요도, 아무것도 할 필요도 없습니다. 단지 지금 여기 이 자리에서 눈을 감은 채, 가고 싶은 곳에 실제로 가 있는 것을 사실로 받아들이십시오. 그리고는 이것들이 현실처럼 느껴질 때까지 이 상태를 유지하세요. 내가 지금 다른 곳에 있다면 지금 여기서 보고 있는 것을 그대로 볼 순 없습니다. 어떤 공간 속에 나를 놓았느냐에 따라, 세상은 나와의 관계 속에서 변합니다.

그래서 저는 눈을 감은 채 이대로 서서, 제가 원하는 곳에 있었다면 보았을 것들을 봅니다. 그것이 충분히 실제처럼 느껴질 때까지 유지합니다. 제가 이 자리에서 이 방의 벽을 만질 수는 없습니다. 그렇지만 눈을 감고 고요해진다면 그것들을 만져보는 것을 상상할 수 있고 느낄 수 있습니다. 여러분은 여러분이 있는 그 자리에 그대로 있으면서 여러분의 손이 그 벽을 만지는 것을 상상할 수 있습니다. 여러분이 정말로 벽을 만진다는 것을 확신하기 위해, 벽에 손을 대보고 문질러서 벽의 나무를 느껴보십시오. 이 자리를 뜨지 않고도 여러분이 그렇게 하는 것을 상상할 수 있습니다. 여러분이 충분히 고요해지고, 충분히 집중되어 있다면 현실처럼 상상할 수 있고 실제로 벽을 만진다고 느끼게 될 겁니다.

저는 이 자리에 그대로 서 있으면서 마치 제가 지금 그곳에 있는 것처럼, 그때 보기 원하고 육체적으로 가기 원하는, 제 눈앞에 펼쳐질 세상만을 허락합니다. 즉, 그곳에 있다는 것을 사실처럼 생각하는 것을 통해 다른 장소를 바로 이곳으로 가지고 옵니다. 이해되셨습니까? 저는 눈앞의 장면들이 스스로 일어나게 할 뿐 그것들이 일어나게 하려고 애쓰지 않습니다. 단순히 제가 그곳에 있다는 것을 상상한 후에 그것들이 스스로 일어나도록 합니다. 어떤 사람을 원한다면 그가 여기 서 있는 것을 상상하고 만져봅니다. 성경에서 이 구절을 찾았습니다. "그는 그들 위에 손을 얹고 만졌다." 누군가를 위로하고 싶다면 여러분은 자연스럽게 어떤 느낌이 떠오르겠습니까? 손을 그에게 갖다 댈 거라고 확신합니다. 친구를 만나서 자연스럽게 그의 손을 잡든가 그의 어깨에 손을 갖다 댈 겁니다.

여러분이 굉장히 좋아하는 친구를 1년 만에 만났다고 상상해보십시오. 여러분은 어떤 행동을 하겠습니까? 아마 그를 껴안을 겁니다. 그렇지 않겠습니까? 아니면 그의 손을 꼭 잡을 겁니다. 여러분은 상상 속에서 그의 손을 잡을 수 있을 정도로 가까이 오게 한 후, 그를 단단한 실체로 느낍니다. 행동을 단지 이것으로만 한정시키십시오. 그렇게 해본다면 앞으로 일어날 일에 놀라게 될 겁니다. 그때부터 주변의 것들은 움직이기 시작합니다. 여러분의 차원적으로 더 거대한 자아는 그와의 육체적인 만남을 가져오게 하기 위해, 필요한 모든 생각과 행동들을 불러일으킬 겁니다. 그렇게 법칙은 작동합니다.

저는 매일 잠과 비슷한 상태 속으로 들어갑니다. 이렇게 하는 것은 굉장히 쉽습니다. 그렇지만 습관이란 것은 인간세상에서 가장 신기한 겁니다. 그것은 법칙이 아닌데도 마치 세상에서 가장 거부할 수 없는 법칙처럼 작용합니다. 우리는 습관의 산물입니다. 여러분이 매일 일정한 시간에 잠과 비슷한 상태 속으로 들어가본다면, 예를 들어 그 시간이 오후 3시라고 말해보면, 매일 그 시간만 되면 잠과 비슷한 상태 속으로 들어가게 된다는 것을 알고 있습니까? 한 번 일주일 동안 시도해보십시오. 그리고 제가 옳았는지 틀렸는지 확인해

보십시오.

 졸린 듯한 잠과 비슷한 상태를 만들기 위해 우선 자리에 앉습니다. 졸음을 너무 멀리 쫓아버리지 말고, 충분히 이완되고 생각의 방향을 조절하기에 충분할 만큼만 졸음을 쫓아내십시오. 일주일 동안 매일 일정한 시간에 해보십시오. 여러분이 어떤 일을 하고 있든지, 이 시간만 되면 눈을 뜨고 있기 힘들어질 겁니다. 이제 그렇게 자유로워지는 시간이 언제인지 안다면 그때 창조를 할 수 있을 겁니다. 이런 연습을 가볍게 취급하지 마십시오. 그랬다간 원하지 않는데도 이 시간만 되면 굉장히 졸음이 올 수 있습니다.

 이것 외에 다른 기도의 방법이 있습니다. 우선 상상하기 편안한 안락의자를 준비하셔서 앉거나, 땅에 등을 대고 누우신 후에 아주 편안하게 긴장을 풀어줍니다. 자세가 편안해야 하고, 압박을 느끼는 자세는 피해야 합니다. 이렇게 해서 가장 편안함을 느끼는 자세를 만듭니다.

 여러분이 무엇을 원하는지를 아는 것이 기도의 시작입니다. 다음으로 여러분의 바라던 것이 실현되었다는 것을 나타내는, 하나의 단순하고 작은 사건을 마음의 눈 안에서 구상하십시오. 저는 항상 기도가 응답되었을 때 따라올 수 있는 여러 가지 사건들을 마음이 자유롭게 배회하게 한 후에, 가장 그럴듯한 것을 하나 골라냅니다. 악수를 한다든가, 사람과 포옹을 한다든가, 편지를 받는 것이라든가, 수표를 쓰는 것과 같은 바람이 이루어졌다는 것을 나타내는 것으로서 단순하면서도 작은 일을 골라냅니다.

바라던 것이 실현되었다는 것을 나타내는 장면을 결정한 후에 여러분이 잠과의 경계선에 들어가는 것을 돕기 위해 아주 편안한 의자에 앉거나 바닥에 등을 대고 누운 후에 눈을 감습니다. 이제 편안함을 느끼는 졸린 상태, 즉 마음이 모아진 침착한 상태를 느낍니다. 그 상태는 원한다면 움직일 수 있지만 움직이는 것을 원하지 않고, 원한다면 눈을 뜰 수 있지만 눈 뜨기를 원하지 않는다고 느껴지는 상태입니다. 만약 이런 느낌을 갖는다면 성공적으로 기도할 수 있는 완벽한 상태에 있다고 확신할 수 있습니다.

이런 상태라면 세상 어떤 것도 느끼기 쉽습니다. 여러분의 기도가 성취되었다는 것을 나타내는, 단순하면서도 작은 그리고 한정된 행동을 고르신 후에, 그것을 느끼거나 아니면 그 행동을 연기하십시오. 그것이 무엇이든지간에 마치 배우가 자신이 맡은 역할을 연기하는 것처럼 그 장면 속으로 들어가십시오. 뒤로 물러나 앉아, 여러분이 하고 있는 것을 그리고 있으면 안 됩니다. 직접 그 배역을 맡아 행동을 하는 겁니다. 그렇다고 몸을 움직이라는 것이 아니라, 육체 안의 더 위대한 자아가 나와서 구상했었던 행동들을 실제로 하고 있다고 상상하십시오. 걷는 것이라면 여러분이 걷고 있는 것을 상상하십시오. 여러분이 걷는 것을 보는 것은 아닙니다. 직접 걷고 있는 것을 느껴야만 합니다.

계단을 오르는 것이라면 여러분이 계단을 오르는 것을 느끼십시오. 여러분이 그것을 보고 있으면 안 되고 계단을 오르는 것을 느껴야 합니다. 어떤 사람과 악수하는 것이라면 악수하는 장면을 보아서는 안 되고, 내 앞에 사람이 있는 상상을 하신 후에 그와 악수를 하는 것을 느껴야 합니다. 여러분 육신의 손은 그대로 움직이지 말고, 상상 속의 손인 내부의 더 위대한 손이 실제로 그와 악수하는 것을 상상해야 합니다.

여러분이 그렇게 하는 것을 상상하는 것이 해야 할 일 전부입니다. 이것들은 여러분이 공상을 하는 듯 보이지만, 존재의 더 거대한 차원에서는 실제로 일어나는 일입니다. 이 3차원적 공간에서 사건이 일어나기 전에 4차원적으로 그 일을 실제로 겪고 있는 중입니다. 4차원의 상태가 현실로 드러나기 위해서 손가락 하나 움직일 필요가 없습니다.

제가 기도하는 방법 중에 세 번째는 단순히 감사함을 느끼는 겁니다. 자신을 위해서나 다른 이들을 위해서 어떤 것이 필요할 때, 몸을 움직이지 않고 잠과 비슷한 상태를 불러일으킨 후에 그 상태 속에서 행복함과 감사함을 느낍니다. 감사한 감정은 원하는 것이 성취되었다는 것을 나타내야 합니다. 소원이 성취되었다는 느낌을 사실처럼 생각하고, 이 하나의 감정으로 마음을 채운 채 잠자리에 들어갑니다. 소원을 이루기 위해서 어떤 것도 할 필요는 없습니다. 그것은 이미 이루어졌기 때문입니다. 소원이 성취되었다는 느낌은 그것이 이루어졌다는 것을 의미합니다.

여러분은 여기서 말한 모든 기도의 기법들을 사용할 수도 있고 그것들을 여러분의 취향에 맞게 바꿀 수도 있을 겁니다. 그런데 제가 강조하고 싶은 것은 졸음이 오는 상태를 불러일으키라는 겁니다. 그 상태는 노력 없이 의식을 기울일 수 있는 상태에 들어가는 데에 용이합니다.

또 성공적으로 기도하기를 원한다면 하나의 감정만이 마음을 지배하도록 하십시오. 자, 원하는 모습이 되었다면 어떤 기분을 느끼겠습니까? 어떤 기분일지 생각이 났다면 눈을 감고 그 하나의 감정 속에 빠져서, 그 상태에 푹 빠지십시오. 그렇게 한다면 차원적으로 더 위대한 자아가 지금 이 순간에서 감정이 실현된 때로 이어지는 사건들 사이에 다리를 건설해 놓습니다. 이것이 해야 할 일 전부입니다.

그런데 사람들은 단순한 것의 중요성을 가볍게 여기는 습관이 있습니다. 우리는 습관의 산물입니다. 우리가 지금 배우는 것은 이전에 쌓아놓은 관념들을 씻어냅니다. 그러나 이전에 우리와 함께 했었던 관념들은 여전히 우리의 행동에 어느 정도 영향을 미치고 있습니다. 여기 제가 하고 싶은 말을 설명해줄 성경속의 이야기가 있습니다.

예수는 제자들에게, 교차로로 가면 아직 길들여지지 않은 어린 망아지를 보게 될 것이니, 그것을 가지고 오라고 말했습니다. 그리고 누군가가 "왜 이 망아지를 데리고 가십니까?"라고 물으면, "주께서 그것이 필요하시다."라고 대답하라고 시켰습니다. 제자들은 교차로로 가서 망아지를 발견했고 예수가 시킨 것처럼 그대로 했습니다. 길들여지지 않은 망아지를 예수에게 드리고 나니, 예수는 그것을 타고 승리의 기쁨으로 예루살렘으로 들어갔습니다.

이 이야기는 망아지를 타고 다니는 사람의 이야기가 아닙니다. 여러분이 바로 이 이야기속의 예수입니다. 망아지는 여러분이 취하고자 하는 감정입니다. 그것은 여러분에게 길들여진 적 없는 야생의 것입니다. 열망하던 것이 이루어진다면 어떤 느낌이 들까요? 새로운 느낌일 겁니다. 마음을 훈련시키지 않았다면 그 새로운 느낌은 마치 어린 망아지처럼 타기 힘든 것이 됩니다. 만약 그 감정에 믿음을 유지하지 않는다면 어린 망아지는 나를 던져버릴 겁니다. 여러분이 이 감정에 믿음을 갖지 못했다는 것을 인식할 때마다, 망아지에서 떨어질 겁니다. 여러분의 마음을 훈련시켜 그 고양된 감정에 믿음을 유지하도록 하십시오. 그래서 그것을 타고 승리의 기쁨으로 성취, 즉 평화의 도시인 예루살렘으로 들어가십시오.

이 이야기는 유월절 축제를 치르기 전의 일입니다. 현재의 상태를 통과해서 이상적인 상태로 들어가려면 원하는 모습이 이미 되었다는 것을 사실로 받아들이고 이것들에 믿음을 유지해야만 합니다. 그것은 우리가 최상의 것들과 함께 가기 위해서는 고양된 감정을 유지해야만 하기 때문입니다. 확고한 마음태도와 이루어졌다는 느낌은 소망을 이루게 할 겁니다. 소망이 이루어졌다는 마음가짐을 갖고 걸어 나가다가, 가끔은 정말 그렇게 되어가고 있는지 보려고 한다면 바로 그때 그 감정, 즉 망아지 등에서 떨어지게 됩니다.

베드로처럼 판단하는 것을 멈춘다면 물 위를 건널 수 있을 겁니다. 베드로는 물 위를 걷기 시작했지만, 얼마 지나지 않아 자신의 분별하는 마음속을 들여다보게 되었을 때 물 아래로 가라앉았습니다. 그때 "위를 보라. 베드로!"라는 음성이

들리기 시작했습니다. 베드로는 위를 보았고 다시 물 위로 떠올라 계속 걸어갈 수 있었습니다.

현실로 드러나는지 확인하려고 내려다보는 대신, 이미 이루어졌다고 확신하며 그 감정을 유지하면, 길들여지지 않은 망아지를 타고 예루살렘으로 들어갈 수 있을 것입니다. 우리들 모두는 그 누구의 도움도 없이 망아지를 타고 예루살렘으로 들어가는 법을 배워야만 합니다. 그 누구의 도움도 필요 없습니다.

특이한 것은 우리가 고양된 감정을 유지하면서 그 밑으로 떨어지지 않는다면, 다른 이들이 보호를 해준다는 겁니다. 그들은 종려나무 잎들을 내 앞에 깔아주어 우리의 여정을 보호해줍니다. 신경 쓸 필요가 없습니다. 우리가 소망하는 것들이 이루어진 곳으로 옮겨간다면 그 충돌은 없을 겁니다. 나의 고양된 감정은 다른 사람들에게도 그것에 맞는 생각과 행동을 불러일으킵니다. 고양된 감정을 유지하며 나아가면, 반대나 다툼이 없을 겁니다.

배운 것을 착실하게 따라서 해볼 때 가르치는 사람에 대해서, 즉 가르침에 대해서 진위여부를 가릴 수 있습니다. 저는 일요일 밤에 여기를 떠납니다. 이 가르침에 믿음을 유지하시기 바랍니다. 여러분이 지금 자신에게 일어난 일의 원인을 인간의 의식 밖에서 찾는다면, 그때는 여러분에게 의식의 실체를 이해시킬 수가 없습니다.

만약에 여러분이 실패에 대한 변명거리를 외부에서 찾는다면 항상 그 변명들을 찾고자 하는 곳에서 찾게 될 겁니다. 왜냐하면 구하고자 하는 것들은 항상 찾을 수 있기 때문입니다. 실패에 대해 변명거리를 찾는다면 하늘의 별에서도, 숫자들에서도, 이 찻잔 속에서도, 그 어떤 것에서도 찾을 수 있습니다. 하지만 여러분은 실패를 정당화하기 위해서 그것들 속에서 찾고 있을 뿐, 실제로 그 변명들은 그곳에 없습니다. 성공한 사업가와 전문가들은 이 법칙이 작용하는 것을 알고 있습니다. 이 법칙은 잡담이나 하는 사람들 사이에서 발견할 수 있는 것이 아니고 용기 있는 사람들 사이에서 발견될 겁니다.

인간의 끝없는 여정의 목적은 바로 아버지를 드러내는 것 하나입니다. 인간은 아버지의 모습을 드러내기 위해 왔습니다. 사랑스러운 것들, 칭찬받을 만한 것들, 그런 모든 것들을 통해 아버지가 나타납니다. 무엇이든 아름다운 것들에 집중하고, 이 세상의 불완전한 것들에 시간을 낭비하지 마세요.

유일한 실체를 인식하고 있는 여러분의 의식, 여러분의 IAMness, 여러분의 인식에 대한 진리에 믿음을 유지하십시오. 그것은 일어나고 있는 모든 일들을 설명할 수 있는 기반입니다. 이것 외에는 어떠한 것으로도 설명할 수 없습니다. 의식이 전부이고 모든 것들은 의식이라는 명제를 제외하고는, 일어나는 현상들에 대해 어떤 것도 명확한 원인을 제시할 수 없습니다.

여러분이 구하고자 하는 것들은 이미 여러분 안에 자리 잡고 있습니다. 지금 여러분 안에 존재하지 않는다면, 영원히 그것을 끌어낼 수 없습니다. 여러분 안에 잠재적으로도 존재하지 않는 것을 끄집어낼 정도로 시간은 충분하지 않습니다. 여러분의 세상 안에서 구하고자 하는 것들을, 이미 눈에 보이는 것으로 받아들이고, 그것들에 믿음을 유지해서 간단하게 현실로 불러냅니다. 그러면 그것들은 현실로 드러날 겁니다. 아버지는 소망을 실현할 수 있는 수없이 많은 방법들을 가지고 있습니다. 이것을 마음 안에서 확고히 하고 항상 이 말을 기억하십시오. "사실로 받아들인 것, 그것이 지금은 거짓일지라도, 계속 고집한다면 현실로 나타날 것이다."

여러분과 여러분의 아버지는 하나입니다. 그리고 아버지는 과거에 존재했던, 현재 존재하는 그리고 앞으로 존재하게 될 모든 것입니다. 따라서 이미 여러분은 구하고자 하는 그것입니다. 그것들은 여러분에게서 떨어져 있지도 않고 심지어는 가깝게 있지도 않습니다. 가깝다는 것도 분리를 말하기 때문입니다. 위대한 파스칼은 말했습니다. "그대가 이미 나를 찾아내지 못했더라면, 그대는 나를 찾으려 하지도 않았을 것이다."

여러분이 지금 열망하는 것, 여러분은 그것을 이미 지니고 있습니다. 그리고 여러분이 이미 그것을 발견했기 때문에 그것을 구하는 겁니다. 여러분은 그것들을 소망의 형태로 발견했습니다. 우리가 세상 안에서 실체라고 느끼는 것들처럼, 소망이라는 형태로 느껴지는 것들도 그와 같은 실체입니다. 여러분은 이미 구하고자 하는 그것입니다. 그렇기 때문에 그것들을 현실로 드러나게 하기 위해서 다른 누구도 바꿀 필요가 없고 오로지 자신만을 변화시키면 됩니다.

우리에게는 두 가지 시야가 있다고 한다. 하나는 있는 그대로의 현실을 보는 시야. 다른 하나는 보이는 것을 넘어서 소망을 보는 시야. 전자의 시야를 사용한다면 우리는 한계를 뛰어넘지 못하고 계속해서 반응만 하는 기계에 불과한 삶을 산다. 하지만 후자의 시야를 사용한다면 한계를 뛰어넘어 운명의 주인이 된다고 한다. 네빌고다드의 형인 빅터고다드는 바베이도스에서 무일푼으로 시작해 기적 같은 사업을 일구어냈다.

믿음으로 걸어라

바울은 다음과 같은 말을 덧붙입니다.

"내가 하고 있는 한 가지 일은 내 뒤에 놓여 있는 것들을 잊고, 내 앞에 놓인 것들을 향해 손을 뻗는 것이다."

바울이 원하던 것은 예수 그리스도 안에서 하느님의 높은 부름을 받는 것이었습니다. 하지만 여러분들이 그런 목적을 가질 필요는 없습니다. 사업이 성공하는 것을 바랄 수도 있습니다. 인간은 인지할 수 있는 의식일 뿐이고 하느님은 인간이기에, 모든 것들은 상상력에서부터 시작됩니다. 하느님과 인간이 다른 것은 마음속 영상의 강렬함에서만 차이가 날 뿐입니다. 자신을 낮게 조율한 채 보이는 것에 의지해서 걷든지 아니면 마음의 영상 안에서 믿음에 의지해서 걷습니다. 시야에 의지해서 걷는 것은 쉽습니다. 왜냐하면 주변의 건물들은 움직이지 않기 때문입니다. 믿음에 의지해서 여러분이 걷는다면 마음의 눈 안에 보이는 사물들 역시 육체적인 눈으로 보는 것들처럼 견고하게 자리를 잡아야만 합니다.

제 형인 빅터는 성공한 사업가가 되기를 원했습니다. 빅터는 그가 마음안의 영상들에 어떻게 믿음을 유지할 수 있는지 알았습니다. 1924년에 우리 가족은 돈 한 푼 없었습니다. 그때 빅터는 마음의 눈으로 빌딩의 이름을 우리 가족이 소유한 것처럼 바꾸었습니다. 2년 동안 이렇게 보는 것을 계속했습니다. 2년이 지나도 처음 시작했을 때처럼 돈이 없었지만 그때 그냥 알고 지내는 사람이 이 빌딩을 50,000달러에 대한 아무런 담보도 없이 우리 가족을 위해 사주었습니다. 8년 전에 우리는 이 빌딩을 850,000달러에 은행에 매각했습니다. 게다가 바베이도스에서는 이렇게 얻은 소득에 관한 세금이 없습니다.

믿음에 의지해서 걸어 나가면서 매일 빅터가 그 건물을 지날 때면 빌딩의 간판에 '로츠상회'라고 쓰인 자리를 마음속에서 '고다드상회'라고 보았습니다. 눈에 보이는 것들은 그 건물이 다른 이의 소유라고 말하고 있지만 빅터의 믿음은 자신의 것이라고 말했습니다. 2년 동안 매일같이 단지 마음의 구조를 바꾸어가자 우리 가족의 운도 바뀌었습니다. 히브리서에서는 이렇게 말하고 있습니다.

"믿음은 바라는 것들에 대한 확신이요. 보이지 않는 것들에 대한 신념이니 그래서 보이는 것들은 보이지 않는 것들로부터 이루어졌음이라."

오직 저의 형 빅터만이 그의 상상의 활동을 보았습니다. 다른 이들은 '로츠상회'라는 간판을 눈에 보이는 그대로 보았지만, 빅터만은 '고다드상회'라는 간판을 믿음에 의지해서 보았습니다.

어떤 이가 블레이크에게 그가 태양을 볼 때 무엇을 보냐고 물었습니다. 블레이크가 대답했습니다. "나는 천사들이 무리지어, '거룩하다, 거룩하다, 거룩하다, 전능하신 주 하느님.'이라고 노래 부르는 것을 봅니다." 우리 모두 하나의 나무를 볼 수는 있습니다. 하지만 다 다르게 그것들을 봅니다. 그것은 어떤 사람을 볼 때도 마찬가지입니다. 둘 다 같은 힘을 사용하면서 한 명은 그를 궁핍한 사람으로 볼지도 모르고 다른 이는 부유한 사람으로 볼지도 모릅니다.

여러분에게는 믿음으로 살거나 아니면 물질적인 시야에 의지해서 살 수 있는 힘이 있습니다. 눈에 의지해 살면서 일어나고 있는 일들을 그대로 받아들인다면 여러분 세상 안의 환경이나 사건들을 바꾸지 못한 채 자동적으로 반응만 하는 기계로 남게 됩니다. 믿음에 의지해서 살기 시작할 때만이 인생을 변화시킬 수 있습니다.

바울은 그가 이루었던 것들이나 이루지 못한 것들이나 상관없이 모두 그의 뒤에다 떨쳐버리고 앞에 놓여 있는 것들을 향해 손을 뻗는다고 말합니다. 바울의 이상은 하느님의 가장 높으신 곳까지 부름을 받는 것이었습니다. 여러분도 이런 이상을 갖기를 바라지만 아마 지금은 그렇지 않을 것입니다. 다른 문제들이 여러분을 짓누르고 있을 것입니다. 예를 들면 돈이 필요하다든가 하는 것 말이죠. 그렇다면 그것을 여러분의 목표로 삼으시고 바울이 썼던 것과 같은 방법을 쓰도록 하세요.

과거를 여러분 뒤에 던져 버리세요. 뒤를 돌아보시지 마세요. 뒤를 돌아보면 롯의 아내처럼 소금기둥이 되어버립니다. 소금은 보존하는 역할을 합니다. 보존하기 원하는 것이 있으면 여러분은 그것들을 소금에 놓고 보존합니다. 만약 여러분이 뒤를 돌아보게 되어, 남겨두고 떠나길 원하는 상태 안에서 살게 된다면 그 상태를 소금물에 놓아서 여러분은 다시 한 번 그 상태가 될 것입니다. 하지만 여러분이 만약 과거가 어떤 상태든 상관없이 그것에 돌아서서, 원하는 모습 또는 하기 원하는 것들에 손을 뻗고 그것에 믿음을 유지한다면 어떤 것도 여러분이 그렇게 되는 것을 막을 수는 없습니다. 여러분이 이미 그 상태에 있다는 것을 사실로 받아들이는 것을 계속 해나간다면 사실로 받아들인 그 모습이 될 것입니다.

- 중략 -

저를 믿으세요. 상상력은 영적인 감각입니다. 생생한 영상이고 생생한 소리입니다. 베토벤이 귀가 멀었을 때 그의 외부 세상의 소리는 종말을 맞이했지만 내면의 귀를 가지고 듣기 시작했습니다. 그리고 우리가 지금 즐겨 듣고 있는 아름다운 음악들을 작곡했습니다.

여러분은 지금 사랑하는 이를 떠올리고 그 사람이 말하는 것을 들을 수 있습니다. 그 사람의 말소리를 들을 수 없을 때 또 다른 영적인 감각을 써보기 바랍니다. 만지고, 듣고, 보고, 냄새 맡는 것 등을 해보세요. 수년 전에 저는 뉴욕시에서 할

렘가를 걷고 있을 때 어떤 음식 냄새를 맡았는데 그 냄새는 곧장 저를 바베이도스로 데리고 갔습니다. 제 육신은 할렘가에 있지만 그 냄새가 깨운 후각은 이곳으로부터 2000마일이나 떨어진 곳에 내가 있다고 말했습니다.

어떤 특정한 소리나 만져지는 느낌, 혹은 장면들을 기억할 수 있고 그러면 여러분을 그곳에 갖다 놓을 수 있습니다. 바울처럼 보이는 것이 아닌 믿음으로 걷는 것을 배우십시오. 뒤에 놓여 있는 것들을 잊고 앞에 놓인 것을 향해 손을 뻗으십시오. 빌립보서의 세 번째 장을 보면 바울은 자신의 욕망을 예수 그리스도 안에서 하느님의 부름을 받는 것이라고 말했습니다. 하지만 그것이 여러분의 욕망이 될 필요는 없습니다.

저는 여러분이 이것에 한번 도전해 보길 적극적으로 권합니다. 왜냐하면 여러분의 삶은 영원하기 때문에 그렇습니다. 어떤 것도 죽음을 맞이하는 것은 없습니다. 한번 꽃 피웠던 저 작은 장미는 영원히 꽃 피운 채 존재합니다. 어떤 것도 사라지는 것은 없습니다. 사랑하는 이가 이 작은 지구에서 존재하는 것을 그만둘 때 그것은 죽은 것이 아니라, 그 즉시 다시 아름다운 여행을 하기 위해 생명을 얻습니다. 그 여행은 하느님이 그의 아들을 통해 그에게 말할 때까지 계속됩니다.

하느님의 아들은 그를 아버지라 부르게 됩니다. 그러면 그의 여행은 끝을 보게 될 것입니다. 그리고 그의 의복을 벗을 때가 마지막 시간을 위한 때가 될 것입니다. 바울은 빌립보서에서 말합니다.

"나는 떠나서 그리스도와 함께 있고 싶다. 왜냐하면 그곳은 훨씬 더 좋기 때문이다. 그러나 내가 이 육체 안에서 너를 위해 있는 것이 더욱 더 필요하다."

바울은 떠나서 하느님 아버지와 하나이기를 바랐습니다. 그러나 바울은 여기 육체를 가지고 남아서 그의 가르침을 계속 하는 것이 필요하다는 것을 알았습니다. 저처럼 말이죠.

제가 한 말을 가슴 속에 새기어 모든 바람을 성취하기 바랍니다. 보이는 것에 의존해서 걷지 말고 바울처럼 믿음으로 걷는 것을 배워서 여러분이 이전에 성취해냈던 것까지도 포함해서 모든 것들에 등을 돌리고 여러분을 위해 세워놓은 목적을 향해 쭉 뻗어 나가십시오. 그 목적에 다다랐다면 여러분은 무엇을 보시겠습니까? 여러분이 그곳에 있다면 여러분은 무엇을 느끼시겠습니까? 그것이 사실이라면 여러분은 어떻게 행동하시겠습니까? 그 상태 안에서 걸어 나가시면 반드시 성취해낼 것입니다.

Complete forgetfulness 용서

우리가 기도할 때면,
위에서 말한 대로 행해야 합니다. 예를 들어 누군가가
병들어 있다거나 가난하다거나 그런 식의 안 좋은 것들을
마음속에 지니고 있다면, 반드시 그것들을 풀어주어
사라지게 해야 합니다. 말로 사라지라고 하는 것이
아니라, 그 사람이 원하는 모습이 되어 있다고
믿음으로써 사라지게 해야 합니다. 그렇게 함으로써
그 사람을 완벽하게 용서하는 겁니다.
그에 대한 나의 관념을 바꾸었습니다.
그런 방식으로 그를 용서합니다.
완벽하게 머릿속에서 지워버리는 것이 용서입니다.
그 사람의 과거의 모습을 머릿속에서 지워버리지
않았다면 용서하지 않은 것이 됩니다.
진정으로 잊었을 때만이 용서를 한 겁니다.

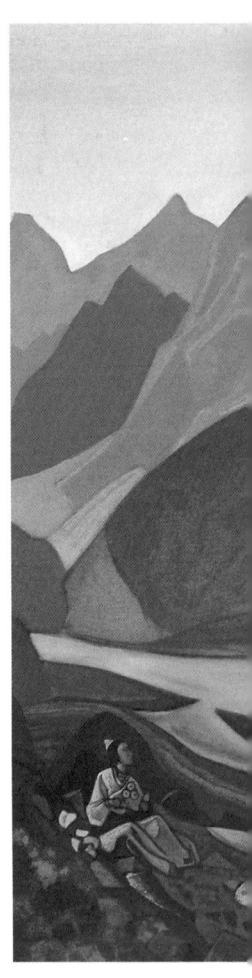

마지막날 강의
생각에 믿음을 유지하라

　오늘 밤 이 강의의 다섯 번째이자 마지막 수업을 시작하겠습니다. 먼저 그동안 배운 내용을 간략히 정리한 후, 많은 분들이 요청하셨던 세 번째 강의 주제인 4차원적 사고에 대해 더 자세히 설명드리겠습니다.

　누군가가 어떤 주제에 대해 명확하게 이해했다면, 그것에 대해 이야기도 잘 하게 될 것이고 설명도 잘 할 수 있을 겁니다. 지난겨울 바베이도스에서 한 어부가 얼마되지도 않는 어휘를 가지고 돌고래의 행동들에 대해 약 5분 남짓 설명했는데, 셰익스피어가 그 유창한 말솜씨를 가지고 설명하는 것보다 훨씬 더 유창하게 잘 설명해줬습니다. 그 어부는 돌고래가 물에 떠다니는 나무 조각을 가지고 노는 것을 얼마나 좋아하는지, 그리고 돌고래를 잡기 위해 나무를 던져 미끼를 사용하는 방법을 설명했습니다. 이미 말했듯이, 이 어부는 사용하는 어휘가 몇 개 안됐지만 물고기와 바다, 그리고 돌고래에 대해서도 잘 알았기 때문에 돌고래의 습성과 돌고래를 잡는 법에 대해 모두 말해줄 수 있었습니다. 알고는 있지만 설명을 할 수 없다고 말한다면, 진정으로 아는 것이 아니라 생각됩니다. 진정으로 안다면 설명도 자연스럽게 할 수 있을 겁니다.

제가 여러분에게 기도를 정의해 보라고 하고, "기도를 통해서 어떻게 소망을 실현하시겠습니까?"라고 물을 때 대답할 수 있다면, 기도에 대해 아는 겁니다. 대답하지 못한다면 모르고 있는 겁니다. 여러분이 마음의 눈 안에서 어떤 것에 대해 명확히 이해하고 있다면, 훌륭한 말솜씨를 지니고 있지만 그것들을 명확하게 이해하지 못한 사람들이 표현하는 것보다 여러분 마음 안의 생각들을 훨씬 더 아름답고 적절하게 표현할 수 있는 말들이 떠오를 겁니다.

여러분이 지난 네 번의 강의를 주의 깊게 잘 들었다면 성경이라는 것이 과거에 살았던 어떤 이의 이야기도 아니고, 이 땅 위에서 일어난 어떤 일들을 기록한 것도 아니란 것을 이해했을 겁니다. 성경의 저자는 역사를 쓴 것이 아니라, 역사의 옷을 입혀서 마음에 관한 위대한 드라마를 썼던 겁니다. 그래서 이성적이지 못하고, 분별력이 없는 대중들이 알아들을 수 있도록 표현했습니다. 성경 속에 등장하는 수많은 인물들은, 다양한 마음의 특징들을 지닌 바로 여러분입니다. 제가 성경의 이야기 중에서 열두 개 남짓한 이야기들을 뽑아, 해석해 보여주었을 때 이해했을 겁니다.

예를 들어 예수가 실존 인물이었다면 그렇게 품위가 높고 사랑이 가득 찬 사람이 요한복음 2장에서 그의 어머니에게 "여인이여, 그대가 나와 무슨 상관이 있는가?"라고 말할 수 있는지 의아할 것입니다.

이상과 하나 되지 못한 여러분과 저도, 우리의 어머니에게 그런 말을 하지 못할 겁니다. 그러나 여기서 사랑의 화신인 예수가 그의 어머니에게 "여인이여, 그대가 나와 무슨 상관이 있는가?"라고 말하고 있습니다.

여러분은 예수이고, 여러분의 어머니는 여러분의 의식입니다. 의식은 모든 것의 근원이기 때문에 모든 현상들의 위대한 아버지-어머니입니다. 여러분과 저는 습관의 산물입니다. 그래서 우리의 감각이 내놓은 증거들을 습관적으로 최종적인 결과로 받아들입니다. 이야기에서 손님들에게 대접할 포도주가 필요하지만 나의 감각기관들이 어디에도 포도주가 없다고 말하니, 나는 또 이걸 습관적으로 최종적인 결과로 받아들이려고 합니다. 그러나 의식은 만물의 근원이고 의식만이 유일한 실체라는 사실을 다시금 마음속에 상기시켜, 감각기관들이 내놓은 증거들을 거부하고 충분한 포도주가 있다는 인식을 사실로 받아들이려고 합니다. 이 상황에서 예수는 자신의 어머니, 즉 결핍을 나타내는 인식을 나무랐던 겁니다. 그런 후, 손님들을 대접할 음식들이 충분하다는 인식을 사실로 받아들이자, 우리가 알지 못하는 방법으로 포도주는 제공됩니다.

청중이자 저의 소중한 친구가 보내온 편지 하나를 방금 전 읽었습니다. 그는 지난 일요일, 결혼식 때문에 교회에 가야 했습니다. 그런데 시계나 그 외에 모든 상황들이 그가 늦었다고 말하고 있었습니다. 친구는 차를 기다리며 길모퉁이에 서 있었지만 한 대도 보이지 않았습니다. 친구는 마냥 기다리기 보다는 자신이 교회에 도착한 모습을 그리기 시작했습니다. 그러자 차 한 대가 그 앞에 섰습니다. 친구가 운전기사에게 자신의 곤란한 상황을 말하자, 그 기사가 대답했습니다. "그 길 말고 다른 길로 가겠습니다. 늦지 않게 도착시켜 드리죠." 그리고는 정말 예식이 시작되기 전에 교회에 도착했습니다. 이것이야말로 주변의 상황들이 늦었다고 말하지만 그것을 거부한 채 법칙을 아주 정확히 사용한 겁니다. 결핍을 나타내는 것들을 절대 받아들이지 마십시오.

주변의 상황이 결핍을 나타내는 경우에, 나는 나 자신에게 이렇게 말합니다. "그대가 나와 무슨 상관이 있는가?" 나의 감각들이 내놓은 증거들이 나와 무슨 상관이 있는가? 모든 통들을 가져와서 그것들을 채우라. 다른 말로 하자면, 내가 포도주와 원하는 모든 것들을 가지고 있다는 것을 가정합니다. 그러면 더 큰 차원의 나의 자아가 그 가정을 실현시키기 위해, 모든 사람들의 생각과 행동에 영감을 불어넣어 줄 것입니다.

이 성경의 이야기는 어떤 사람이 자신의 어머니에게 "여인이여 그대가 나와 무슨 상관이 있는가?"라고 말한 이야기가 아닙니다. 이 이야기는 감각기관들이 받아들이고 있는 증거들이 결핍을 나타낼 때, 의식의 법칙을 아는 자가 스스로에게 "그대가 나와 무슨 상관이 있는가? 사라져라."라고 말하는 겁니다. 다시는 저런 종류의 결핍을 나타내는 말에 귀를 기울이지 않을 겁니다. 왜냐하면 다시 귀를 기울인다면 그것들이 말하고 있는 결핍의 씨앗을 내 안에 심게 되어, 결국에는 그 결핍의 열매들이 열리기 때문입니다.

다음은 예수가 시장함을 느낄 때의 이야기로 마가복음의 내용입니다.

"멀리서 잎이 무성한 무화과나무를 보고, 혹시 거기에 열매가 있을까 하여 다가갔으나, 잎사귀 외에는 아무것도 찾지 못하셨으니, 무화과의 때가 아직 아니었기 때문이더라."

"예수께서 대답하여 무화과나무에게 말씀하시기를, '이후로는 누구도 네게서 열매를 먹지 못하리라'고 하시니, 제자들이 그 말을 듣더라."[마가복음 11:13, 14]

"그리고 아침에 그들이 지나갈 때, 그 무화과나무가 뿌리서부터 말라버린 것을 보더라."[마가복음 11:20]

시들어 버리게 한 나무는 무엇이겠습니까? 바깥세상의 나무가 아닙니다. 그것은 내 자신의 의식입니다. "나는 포도나무이다."[요한복음 15:1] 나의 의식, 나의 IAMness는 위대한 나무인데 습관이란 것이 말하기를, 그곳에는 아직 열매가 없다고, 그 열매를 먹기 위해서는 4개월의 기간이 남았다고 합니다. 그러나 나는 4개월이란 시간을 기다릴 수 없습니다. 그래서 나의 바람이 이루어지기 위해서는 4개월이나 기다려야 된다는 말을, 앞으로는 잠시도 믿지 않을 거라고 강력한 암시의 말을 건넵니다. 이 순간부터 결핍에 대한 믿음의 열매는 다시 열매 맺지 못하고 마음 안에서 다시 태어나지 못합니다.

이 이야기는 나무를 시들게 만든 사람의 이야기가 아닙니다. 성경에 나오는 나무, 도시, 사람들, 모든 것들은 우리 모두의 마음 안에 자리 잡고 있습니다. 성경 속에 나오는 단어 중 인간 마음의 다양한 속성들을 표현하지 않은 것들은 하나도 없습니다.

의식은 만물의 근원이자 유일한 실체입니다. 우리 자신의 의식이 하느님이라는 사실을 발견한 후에는 다른 곳으로 시선을 돌리지 않고, 오로지 의식 안으로 시선이 향할 것입니다. 하느님은 모든 것의 근원이고, 하느님 외에 어떤 것도 존재하지 않기 때문입니다. 악마가 어떤 악한 짓들을 하고 하느님이 또 어떤 다른 일들을 한다고 생각하지 마십시오. 다음의 내용들을 주의 깊게 들어보시기 바랍니다.

"주께서 그의 기름부음 받은 자, 고레스에게 말씀하시길, 내가 그의 오른손을 붙잡아 민족들을 그 앞에 굴복시키며, 왕들의 허리를 풀고, 그 앞에 두 개의 문을 열어 그것들이 닫히지 않게 하리라."

"내가 네 앞에 가서, 굽은 곳들을 곧게 하고, 놋문을 부수며, 철문 빗장을 끊으리라."

"또한 내가 너에게 어둠 속의 보물들과 은밀한 장소에 감춰진 부를 주어, 내가 네 이름으로 너를 부른 주, 곧 이스라엘의 하나님임을 알게 하리라." [이사야 45:1, 2, 3]

"나는 빛을 창조하고, 어둠을 만들며, 평화를 주기도 하고,

악을 일으키기도 한다. 나, 주님이 이 모든 것을 행한다."[이사야 45:7]

"내가 땅을 창조하고 그 위에 인간을 만들었으며, 내 손으로 하늘을 펼쳤고, 그 안에 모든 존재들에게 명령을 내렸다."

"나는 그를 의롭게 세우고, 그의 모든 길을 인도할 것이다. 그는 아무런 대가나 보상 없이 나의 도시를 세우고, 나의 포로들을 해방시킬 것이다. 만군의 주가 말하노라."[이사야 45:12, 13]

"나는 주이며, 나 외에는 다른 이가 없고, 나 외에 다른 신도 없다."[이사야 45:5]

이 말들을 주의 깊게 읽어보십시오. 이 말들은 제가 한 것이 아니라 의식이 유일한 실체라는 사실을 깨달은 분들이 한, 영감에 찬 말입니다. 만약 상처를 입었다면 그건 나 스스로 상처를 낸 것입니다. 나의 세상 안에 어둠이 있다면 그것은 나 스스로 만든 어둠, 흐림, 우울함입니다. 빛과 기쁨이 존재한다면 그것 역시 내가 만든 빛과 기쁨입니다. 모든 것들을 행하고 만드는 IAMness 외에 그 어떤 것도 존재하지 않습니다. 여러분의 의식 바깥에서는 어떤 원인도 찾을 수 없습니다. 여러분의 세상은 여러분이 어떤 존재인지 말해주는 거대한 거울입니다. 누군가를 만났을 때, 그들이 하는 행동을 보면 여러분이 어떤 존재인지 알 수 있습니다.

도움이 필요할 때 자신의 의식 안으로 시선을 돌린다면, 여러분이 하는 기도는 어떤 기도보다 경건한 것이 될 겁니다. 저는 제 시선이 향할 곳은 오로지 저 자신밖에 없다는 사실을 알아, 소망이 성취된 느낌을 사실로 받아들이면서 감사함을 느끼고 있을 때, 어떤 기도도 제가 하는 기도보다 더 많은 기쁨과 믿음과 경건한 감정을 지닌다고 생각하지 않습니다.

여러분은 기도를 할 때, 이성과 감각들이 거부하는 것들을 이미 가지고 있다고 믿어야 합니다. 여러분은 원하는 것을 가지고 있고, 그것들을 받게 될 것이라고 확신하는 기도를 해야 합니다. 성경에서는 이런 식으로 표현했습니다.

"그러므로 내가 그대들에게 말하니, 그대가 무엇을 원하든지, 기도를 할 때 그대가 그것들을 받았다고 믿어라, 그러면 그대는 받게 될 것이다."

"그리고 그대가 기도를 할 때, 누군가에 대해서 적대적이라면 용서하라. 그러면 하늘에 계신 그대의 아버지께서도 그대의 죄를 용서하실 것이다."

"그러나 만일 그대가 용서하지 않는다면, 하늘에 계신 그대의 아버지께서도 그대의 죄를 용서하지 아니하실 것이다."

[마가복음 11:24, 25, 26]

　우리가 기도할 때면, 위에서 말한 대로 행해야 합니다. 예를 들어 누군가가 병들어 있다거나 가난하다거나 그런 식의 안 좋은 것들을 마음속에 지니고 있다면, 반드시 그것들을 풀어주어 사라지게 해야 합니다. 말로 사라지라고 하는 것이 아니라, 그 사람이 원하는 모습이 되어 있다고 믿음으로써 사라지게 해야 합니다. 그렇게 함으로써 그 사람을 완벽하게 용서하는 겁니다. 그에 대한 나의 관념을 바꾸었습니다. 그런 방식으로 그를 용서합니다. 완벽하게 머릿속에서 지워버리는 것(Complete forgetfulness)이 용서입니다. 그 사람의 과거의 모습을 머릿속에서 지워버리지 않았다면 용서하지 않은 것이 됩니다. 진정으로 잊었을 때만이 용서를 한 겁니다.

　누군가를 만날 때마다, "나는 너를 용서했어."라고 말할 수는 있습니다. 그런데 그를 보게 될 때마다, 아니면 그가 생각날 때마다 예전에 그에 대해서 가졌던 감정들이 되살아난다면, 그를 완전히 용서한 거라고는 말할 수 없습니다. 용서란 것은 완벽하게 머릿속에서 지워버리는 작업입니다. 의사는 여러분에게 병을 낫게 하기 위해 무언가를 줍니다. 의사는 여러분의 병을 제거한 자리에, 그 무언가로 그곳을 채우려 하는 겁니다. 낡은 관념이 자리 잡았던 곳에 새로운 자아의 관념을 넣으십시오. 낡은 관념을 완전히 버리십시오.

기도가 이루어졌다는 것은 기도가 아니었다면 이루어지지 못했을 것이 기도 때문에 이루어졌다는 것을 말합니다. 그렇기에 모든 행동의 근원이자, 명령을 내리는 마음이자, 기도를 이루게 하는 자는 바로 나입니다. 성공적으로 기도를 하는 사람은 내부로 시선을 돌리고, 그 안에서 구하고자 하는 상태를 취합니다. 원하는 것을 이루기 위해서 희생물로 바쳐야 할 것은 없습니다. 누군가가 여러분에게 말하기를, 원하는 것을 얻기 위해서 너는 발버둥 쳐야하며 고통을 인내해야 한다고 말한다면 그 말에 귀를 기울이지 마십시오. 여러분 바람을 이루기 위해서 발버둥 칠 필요가 없습니다. 성경에서는 다음과 같이 말하고 있습니다.

"주께서 말씀하시기를, '너희의 수많은 희생물이 나에게 무슨 소용이 있느냐? 나는 숫양의 번제물과 기름진 짐승의 기름으로 배가 불렀고, 나는 황소나 양이나 숫염소의 피를 좋아하지 않는다.'"

"그대가 내 앞에 나타날 때, 누가 내 뜰을 밟기 위해서는 이런 것들을 그대의 손에 가져와야 한다고 말했는가?"

"헛된 제물을 가져오지 말라. 향은 내가 싫어하는 것이라. 새 달들과 안식일과 집회를 모으는 것, 나는 부정한 것들과 엄숙한 집회들을 참을 수 없다."

"그대들의 새로운 달들과 그대들이 정한 명절들은 나의 영혼이 싫어하는 것이다. 그것들은 나에게 커다란 짐이 되었느니. 나는 그것들을 짊어지기에 지치더라."[이사야서 1:11-14]

"그대에게는 성스러운 엄숙함이 지켜질 때의 밤의 노래가 있으며 또 마음의 기쁨이 있으니, 마치 어떤 사람이 관악기를 가지고, 주님의 산으로 그리고 이스라엘의 위대한 자에게로 갈 때와 같더라."[이사야서 30:29]

"주에게 새로운 노래를 부르고, 땅 끝에서부터 그를 찬양하라."[이사야서 42:10]

"오, 그대 하늘들아, 노래하라. 주가 그 일을 해내셨기 때문이다. 소리 지르라, 그대 이 땅의 낮은 부분들아. 외치라. 너희 산들아. 오, 숲아! 또 거기 모든 나무들아! 소리 내어 노래할지니. 이는 주가 야곱을 되찾으셨고, 이스라엘로 자신을 영화롭게 하셨음이라."[이사야서 44:23]

"그러므로 주의 되찾은 자들이 돌아올지니, 그러면 시온으로 노래 부르며 돌아오리라. 그리고 영원한 기쁨이 그들의 머리 위로 떨어질 것이다. 그들은 기쁨과 즐거움을 얻을 것이며, 슬픔과 애도는 멀리 달아나리라."[이사야서 51:11]

하느님께서 유일하게 받을 수 있는 선물은 기쁨에 찬 가슴입니다. 노래 부르고 찬양하면서 오십시오. 그렇게 하는 것은 여러분 자신의 의식인, 하느님 앞에 다가갈 수 있는 방법입니다. 여러분 소망이 성취되었다는 느낌을 사실로 받아들이십시오. 그리고 하느님께서 유일하게 받을 수 있는 선물을 가져오십시오. 하느님께서는 소망이 성취되었다는 마음의 상태 외에는 싫어합니다. 그것 외의 것들은 미신이고 아무런 힘도 없습니다.

기쁨이라는 것은 원하던 것이 일어났다는 것을 나타내기 때문에, 내 앞에 올 때 기뻐하십시오. 내 앞에 올 때, 노래를 부르고 찬양하고 감사하면서 오십시오. 이 마음의 상태들은 구하고 있는 상태가 이루어졌다는 것을 나타냅니다. 올바른 감정 속에 자신을 놓는다면, 여러분 자신의 의식이 그것들을 현현시킬 것입니다.

저에게, 기도를 정의해서 최대한 명확하게 말해보라고 한다면, 전 간단하게 "기도는 소망이 성취된 느낌입니다."라고 말하겠습니다. "그게 무슨 뜻입니까?"라고 묻는다면, "기도가 응답받은 상황 속에 자신이 있다는 것을 느끼고 나서, 그 확신 속에서 살면서 행동하는 겁니다."라고 말하겠습니다. 저는 그 느낌을 노력 없이 유지시키려 할 것입니다. 즉, 확고한 마음가짐을 갖고 걸어 나간다면 마음속에서 사실로 받아들인 것들이 현실로 드러난다는 것을 알고, 이미 원하는 것들이 현실이 된 것처럼 살며 행동할 겁니다.

성경이 역사에 대해 쓴 것이 아니냐는 논쟁을 하기에는 시간이 촉박한 것 같습니다. 여러분이 앞서 진행했던 네 번의 강의를 주의 깊게 들으셨다면 더 이상의 증거는 원하지 않을 거라 믿습니다. 여러분이 배우셨던 것들을 직접 적용하신다면 원하는 것들을 이루어낼 겁니다.

* * * *

"그래서 이제 내가 그 일이 일어나기 전에 그대들에게 말하는 것은, 그 일이 일어날 때, 그대가 믿게 하려는 것이다."
[요한복음 14:29]

저를 포함한 많은 분들이 어떤 일들이 일어나기 전에 그 사건을 미리 보는 경우가 있습니다. 즉, 이 3차원 세상에서 사건들이 일어나기 전에 그것들을 볼 수 있습니다. 사건들이 3차원 공간에서 일어나기 전에 사람들이 볼 수 있다고 한다면, 이 땅 위의 삶은 계획에 따라 진행되고 있다고 말할 수 있습니다. 이 계획이란 것은 반드시 이곳이 아닌 다른 차원에서 존재했다가, 천천히 우리가 살고 있는 공간 속으로 옮겨오고 있습니다.

우리가 어떤 일이 벌어지기도 전에 그 사건들을 봤다면, 그 사건들은 분명 이 세상 아닌 다른 곳에서 벌어진 사건일 겁니다. 그리고 이 세상에서 사건이 일어나기 전에 그곳에서 나타났다면, 3차원 세상을 보고 있는 사람들에게는 '미리 결정된 것'으로 보입니다. 그러나 고대의 스승들은 미래는 바꿀 수 있다고 가르쳤습니다. 그리고 저도 경험들을 통해 볼 때, 그 말이 진실임을 압니다.

그래서 지금 이 강의를 하는 이유도, 인간 안에 존재하는 가능성을 보여주고 미래를 바꿀 수 있다는 것을 보여주기 위해서입니다. 그렇게 변화가 이루어졌을 때, 그 변화가 이루어진 시점부터 새로운 운명을 형성하게 됩니다. 변화가 일어난 것에 맞추어 미래는 변합니다.

인간의 미래에 관한 가장 두드러진 특징은 변화 가능함에 있습니다. 미래란 것은 그것이 사전에 세세한 부분까지 준비되어 있긴 하지만 다양한 결과들을 갖고 있습니다. 그래서 우리는 인생의 매 순간마다 다양한 미래로 향하는 다양한 선택들을 하게 됩니다.

사람들은 세상을 바라보는 두 가지 시선을 가지고 있는데, 이것들은 확연히 구분됩니다. 그것은 현실적인 시야와 영적인 시야입니다. 이것을 고대의 스승들은 "현실적인 마음"과 "그리스도의 마음"이라고 불렀습니다. 다시 바꾸어 불러보자면 전자는 감각이 지배하는 일상적인 깨어있는 의식이라 부를 수 있고, 후자는 소망이 지배하는 통제된 상상력이라 부를 수 있을 겁니다. 다음의 구절들에서 두 가지의 생각 초점에 대한 이야기를 볼 수 있습니다.

"현실적인 사람은 하느님의 영의 것들을 받지 않나니, 그것들은 그들에게 어리석다 생각되기 때문이고, 그는 그것들을 알지도 못하기 때문이다. 왜냐하면 그것들은 영적으로만 분별되는 것이기 때문이다." [고린도전서 2:14]

현실적인 사람들은 지금 이 순간만을 실체로 인식합니다. 현실적인 시각에서 본다면 과거와 미래는 단순히 상상일 뿐입니다. 반면에 영적인 시각은 시간이 포함하고 있는 것들을 전체적인 통일체로 봅니다. 그래서 과거와 미래는 현재 존재하고 있는 전체를 구성합니다. 현실적인 사람들이 본다면 정신적이고 주관적인 것들이, 영적인 사람들이 본다면 실제적이고 객관적인 것이 됩니다.

감각이 내놓는 것만을 보는 습관은, 습관이 아니었다면 보았어야 할 것들을 보지 못하게 만듭니다. 눈에 보이지 않는 것을 보는 능력을 키우기 위해서는, 종종 의도적으로 감각의 증거에서 벗어나 우리의 마음을 풀어주고, 눈에 보이지 않는 상태에 집중해야 합니다. 그러면서 그 상태를 마음속으로 느끼고 인지하여, 그것이 실제와 같은 분명함을 가질 때까지 연습해야 합니다.

생각을 특정한 방향으로 모으고 집중한다면 다른 쪽으로 향하던 감각들은 닫히고 사라지게 됩니다. 그래서 원하는 것들을 보기 위해서는 그 원하는 상태에만 의식을 놓아야 합니다. 감각의 영역에서 의식을 철수하고 보이는 않는 세계에 의식을 놓는 습관은 우리의 영적인 시야를 확장시켜, 감각의 세계를 넘어 보이지 않는 것들을 볼 수 있게 만듭니다. "세상의 창조부터 그분에 속한 보이지 않는 것들이 뚜렷하게 보이더라." [로마서 1:20]

이것들을 볼 수 있는 능력은 여러분의 신체에 붙어 있는 눈을 통해 할 수 있는 것이 아닙니다. 보이지 않는 것들을 보는 능력을 열어서 활동하게 하십시오!

조금만 연습해보면, 우리는 상상을 조절함으로써 욕망에 따라 미래를 다시 형성할 수 있다는 사실을 깨닫게 될 것입니다. 욕망은 행동의 주된 동기입니다. 욕망이 없다면 우리는 손가락 하나 까닥할 수가 없습니다. 우리가 무슨 일을 하고 있든지 현재 우리의 마음을 채우고 있는 욕망을 따르고 있습니다. 습관을 깨고 싶은 욕망이 습관을 계속 유지시키고 싶은 욕망보다 더 강하다면, 그때 습관은 깨집니다.

우리를 행동하게 만드는 욕망은 우리의 주의를 끌고 있습니다. 욕망이란 우리의 삶을 보다 더 풍성하게 만들기 위해 어떤 부분이 지금 부족하다는 것을 인식하고 있는 것입니다. 욕망이란 것은 항상 눈에 보이는 개인적인 이득을 가집니다. 예상되는 이득이 클수록 욕망도 거대해집니다. 완벽하게 비이기적인 욕망이란 것은 없습니다. 얻을 것이 없다면 어떤 욕망도 생기지 않고 결론적으로 어떤 행동도 취하지 않게 되기 때문입니다.

우리의 영적인 부분은 우리의 물질적인 부분에게 욕망이란 언어로 말을 걸어옵니다. 보다 더 나은 삶으로 가는 열쇠 그리고 꿈을 성취하는 열쇠는 그 목소리를 즉각적으로 따를 수 있는지에 달렸습니다. 욕망이 내는 목소리에 주저하지 않고 따른다는 말은, 소망이 성취된 것을 즉각적으로 받아들인다는 겁니다. 무언가를 바란다는 것은 그것이 이미 우리 안에 있다는 겁니다. 파스칼은 이렇게 말했습니다. "그대가 이미 나를 찾지 못했더라면 나를 구하려 하지 않았을 것이다."

소망이 성취된 느낌을 사실로 받아들이고 그 확신 속에서 살면서 행동하면 인간은 그것에 맞추어 미래를 변화시킵니다. 사실로 받아들인 것이 그 스스로 규정했던 것들을 일깨웁니다. 소망이 성취된 느낌을 사실로 받아들이자마자, 4차원적인 자아는 그 목적에 다다르는 길들을 찾고 그것을 세상에 드러낼 방법들을 발견합니다.

소망이 이루어졌을 때 현실 속에서 겪을만한 일들을 마음의 영상 속에서 경험하는 것이라는 말보다, 이 방법을 잘 설명해주는 말은 없습니다. 마음속에서 결과를 경험하는 것은 그것을 이루는 방법을 찾게 만듭니다. 그때 4차원적인 자아는 보다 더 넓은 시야를 가지고 그 받아들인 목적을 이루기 위한 방법을 찾아냅니다.

마음을 훈련하지 않았다면 감각이 거부하고 있는 것을 사실로 받아들이는 데에 어려움을 겪게 됩니다. 그러나 여기 "보이지 않는 것들을 현실처럼 불러내는 것"을 쉽게 만드는 방법이 있습니다. 즉, 사건이 일어나기 전에 그 사건을 먼저 마음속에서 경험하는 것을 쉽게 만드는 방법이 있습니다. 사람들은 간단한 것의 중요함을 가볍게 여기는 습관이 있습니다. 이 미래를 바꾸는 공식은 간단하지만, 수년간의 연구와 실험을 거친 후에 발견된 겁니다.

미래를 바꾸는 첫 번째 단계는 욕망입니다. 즉, 목표를 명확히 하고, 무엇을 원하는지 분명히 아는 것입니다.

두 번째 단계는 여러분의 바람이 성취되었을 때에 겪을만한 사건을 구상하는 것입니다. 그 사건은 여러분의 바람이 성취되었다는 것을 나타내어야 하고 그 사건에서 주인공이 되어야 합니다.

　세 번째는 몸을 움직이지 말고 자신을 잠에 든 것처럼 상상하여 여러분을 잠과 비슷한 상태 속에 들어가게 하십시오. 침대에 눕거나 의자에 편안히 앉으십시오. 그런 후에 눈을 감고, 경험하려고 계획했던 행동들에 여러분의 의식을 두고, 마음속에서 그 구상한 행동들을 하고 있다고 느껴보십시오. 여러분이 이것을 지금 여기서 실제로 하고 있다고 상상해야 합니다. 여러분은 그 상상 속의 행동들에 항상 참여하고 있어야 합니다. 단순히 뒤로 물러서서 그것을 보고 있는 것이 아니라 실제로 그것들을 하고 있어서 그 감각들이 여러분에게는 현실처럼 다가오도록 해야 합니다.

　상상 속의 행동이 여러분의 바람이 성취되었을 때 일어날 만한 일이 되어야 한다는 것은 항상 명심해야 합니다. 또한 그 행동이 현실과 같은 생생함과 뚜렷함을 가질 때까지, 여러분이 그 행동을 하고 있다고 계속 느껴봐야만 합니다.

　예를 들어 여러분이 승진하기를 원한다고 해봅시다. 축하를 받는 일은 승진 후에 뒤따를만한 사건일 겁니다. 상상 속에서 경험할 일로 이 사건을 골랐다면, 몸을 움직이지 말고 잠과 비슷한 상태, 졸린 상태 속으로 들어가십시오. 그러나 그 상태는 여전히 여러분의 생각의 방향을 통제할 수 있어야 하고 노력 없이 주의를 기울일 수 있는 것이어야 합니다. 그리고는 친구가 앞에 서 있는 것을 마음속에 그립니다. 여러분의 상상의 손을 그의 상상의 손과 마주잡고서는 단단한 실체로 느낀 후에, 그 행동과 어울릴 만한 상상 속의 대화를 하십시오.

이 공간에서 멀리 떨어져 있고, 지금보다 훨씬 뒤의 일로 축하받는 여러분을 그리지는 마십시오. 대신에 그 사건속의 장면이 지금 이곳이라 생각하고, 사건속의 그 시간이 지금이라고 생각하십시오. 미래에 일어나는 일은 차원적으로 더 넓은 세상 안에서는 지금도 실체입니다. 그리고 이상하게 들리겠지만, 차원적으로 더 넓은 세상은 우리가 일상생활을 하고 있는 이 3차원적인 공간과 같은 실체입니다.

여러분이 직접 행동을 하고 있다고 느끼는 것과 영화 스크린에서 여러분의 모습을 그리는 것의 차이는 이 원리의 성공과 실패를 좌우합니다. 지금 여러분이 사다리를 올라가고 있는 것을 그려본다면 이 차이를 이해하게 될 겁니다. 그러면 눈을 감고 사다리가 여러분 앞에 있다고 생각한 후에 그것을 실제로 올라가는 것을 느껴보십시오.

  욕망, 잠과의 경계선상에서 몸을 움직이지 않는 것, 그리고 자신이 주인공이 되어 지금 여기에서 느끼는 상상 속의 행동, 이것들은 미래를 바꾸는 것에 있어서 중요할 뿐만 아니라 의식적으로 영적인 자아를 투사하는 데에도 필수적인 조건입니다.

  움직이지 않고 마음속에서 어떤 행동을 한다는 생각을 할 때, 잠에 들 때까지 그 생각을 유지하면서 상상 속의 행동을 하는 것을 느낀다면, 이 물질적 육체로부터 깨어나 차원적으로 더 넓은 세상 속에서, 차원적으로 더 넓은 시야를 가진 채, 이 땅 위에서 하고자 구상했던 것들을 하고 있는 자신을 발견하게 될 겁니다. 하지만 우리가 차원적으로 더 넓은 세계에서 깨어나든 혹은 깨어나지 못하든, 우리는 4차원 세계에서 실제로 행동을 하고 있는 것이고, 후에 이곳 3차원 세상에서 그 행동들을 재연해낼 겁니다.

  경험을 통해 볼 때 다음과 같이 하는 것이 효과가 좋습니다. 상상 속의 행동을 한정시켜서 하나의 단일한 행동으로 압축시키세요. 그런 후에 현실이란 느낌을 가질 때까지 계속 반복해서 재연해야 합니다. 그렇지 않으면 의식은 연상되는 것들을 따라 이리저리 방황하게 됩니다. 그리고는 수많은 연상되는 이미지들이 의식 앞에 나타나게 되고, 얼마 지나지 않아 우리가 목적으로 삼았던 이미지보다 훨씬 멀리 떨어진 곳으로, 그리고 먼 시간 후에 와있는 자신을 발견하게 됩니다.

소망이 성취된 후에 뒤따를만한 행동으로 계단을 오르는 것을 골랐다면, 계단을 오르는 장면으로 한정시켜야 합니다. 마음이 다른 곳으로 방황하고 있다면 다시 계단을 오르는 일로 생각을 가져오십시오. 계단을 오르는 행위가 실제의 단단함과 뚜렷함을 지닐 때까지 상상 속의 행동을 계속해야 합니다.

그 생각은 우리의 의도적인 노력 없이도 마음속에 지속적으로 남아 있어야 합니다. 최소한의 노력으로 소망이 성취된 느낌을 마음에 가득 채워야만 합니다. 졸린 상태는 "노력 없이 의식을 통제할 수 있는 상태"를 쉽게 만들기 때문에, 변화를 이끌어내는 데에 용이한 상태입니다. 그러나 그 상태가 졸음의 상태까지 진행되어 더 이상 의식의 움직임을 조절할 수 없을 정도가 돼서는 안 되고, 생각을 조절할 수 있는 정도의 적절한 졸린 상태를 유지해야 합니다.

소망을 이루는 가장 효과적인 방법은 소망이 성취되었다는 느낌을 사실로 받아들이고 나서 이완되고 졸린 상태에서

"감사합니다. 감사합니다. 감사합니다."와 같은 소망이 이루어졌다는 것을 나타내는 짧은 문장을 사용해, 감사한 감정만이 마음을 채울 때까지 자장가처럼 반복하는 겁니다. 여러분을 위해서 소원을 성취하게 해준 더 높은 권능에게 말하듯이 하십시오.

그러나 만약 더 넓은 차원의 세계 안에 의식적인 투사를 하기 원한다면, 잠에 들 때까지 마음 안에서 행동을 계속해야만 합니다. 우리가 현실에서 목적을 이루었다면 경험했을 만한 것들을 현실과 같은 뚜렷함을 가지고 마음 안에서 경험하십시오. 그렇게 하면, 상상 속에서 그 일을 겪었던 것처럼 때가 되면 육신을 가지고 겪게 될 겁니다.

사실로 받아들인 것은 진실이 된다는 명제를 가지고 마음에 영양분을 공급하십시오. 사실로 받아들인 것은, 비록 지금은 현실이 아닐지라도, 실제적인 느낌을 가질 때까지 계속 반복한다면 현실로 드러날 겁니다.

소망을 사실로 받아들였을 때 그 소망이 이루어지는 방법들은 선합니다. 사실로 받아들인 생각은 모든 이들의 행동, 움직임, 말에 영감을 불어넣어, 그들이 상상을 현실로 만들어내도록 모든 것에 영향을 미칩니다.

일정한 상상속의 경험이 사람의 미래를 어떻게 변화시킬

수 있는가를 이해하려면, 차원적으로 더 넓은 세상에 대해 이해를 해야 합니다. 왜냐하면 우리가 미래를 바꾸기 위해 가야 하는 곳은 차원적으로 더 넓은 세상이기 때문입니다.

어떤 일이 벌어지기 전에 그 사건을 볼 수 있다는 것은 3차원적인 세계에 살고 있는 사람들의 관점에서 본다면, 사건이 미리 결정되어 있다는 것을 나타냅니다. 따라서 이 3차원의 환경들을 변화시키려면 공간의 4차원에서 먼저 변화가 이루어져야만 합니다.

사람은 차원적으로 더 넓은 세상이 정확히 무엇인지도 모르고 어떤 의문도 가지지 않은 채, 차원적으로 더 큰 자아의 존재를 부정합니다. 사람들은 길이, 넓이, 높이의 3차원에 너무 익숙해져서 길이, 넓이, 높이를 느낄 수 있습니다. 만약에 4차원이 존재한다면 평범한 사람들이 길이, 넓이, 높이의 3차원을 뚜렷하게 느끼는 것처럼 4차원 또한 뚜렷하게 느낄 수 있을 겁니다.

여러분, 하나의 차원은 하나의 선이 아닙니다. 완전히 다른 방식으로 사물을 측정할 수 있는 방법입니다. 즉 하나의 사물을 가지고 4차원적으로 측정한다고 말하려면 길이, 넓이, 높이를 사용하지 않고, 어떤 다른 방향으로 그것을 측정해야 합니다. 길이, 넓이, 높이 외에 사물을 측정하는 방법이 있을까요?

 시간이라는 것이 길이, 넓이, 높이의 3차원을 사용하지 않고, 나의 삶을 측정할 수 있습니다. 순간적으로 존재하는 사물이란 것은 없습니다. 그래서 모든 것은 나타났다가 사라지는 시간을 측정할 수 있습니다. 일정한 시간동안 사물은 계속 존재합니다. 길이, 넓이, 높이의 차원을 사용하지 않고도 사물이 존재했던 기간을 잴 수 있습니다. 그래서 시간은 사물을 잴 수 있는 네 번째의 방법입니다.

 하나의 사물에 더 많은 차원이 존재할수록, 그것은 보다 더 본질과 근접하게 되고 실체에 다가갑니다. 하나의 직선은 완전히 1차원 위에 놓여 있는데 차원이 더해질수록 면과 부피와 물질이 됩니다. 그렇다면 부피가 면에 대해 새로운 특성을 주는 것처럼 그리고 면이 선에 대해 새로운 특성을 주는 것처럼, 시간이라는 4차원이 부피라는 것에 더해주고 있는 새로운 특성은 무엇일까요? 시간은 경험에서 변화를 일으키는 매개체라고 말할 수 있습니다. 모든 변화들은 시간이 걸립니다. 그래서 시간이 새롭게 부여하는 새로운 특성은 변화 가능함입니다.

 다음을 살펴보겠습니다. 만약 물체를 자르면 그 단면은 면이 됩니다. 면을 자르면 선을 얻고요. 선을 자르면 그 단면은 점이 됩니다. 이것은 점이라는 것은 선의 단면에 지나지 않다는 것을 뜻합니다. 마찬가지로 선은 면의 단면이고, 면은 물체의 단면입니다. 이성적인 추론을 더해 나가자면, 이 물체라는 것도 4차원 물체의 단면에 지나지 않는다는 결론을 얻습니다. 모든 3차원적인 사물은 4차원 체의 단면에 지나지 않는다는 결론에 도달했습니다. 이것은 제가 여러분을 만날 때, 여러분의 4차원적인 자아를 만날 수는 없고 단지 4차원적인 여러분 존재의 단면만을 만나고 있다는 것을 말합니다. 4차원적인 자아를 보기 위해서는 모든 단면들을 봐야하고, 태어나서 죽을 때까지의 여러분 인생의 모든 순간들을 보고, 그리고 그것들을 모두 현재 존재하는 전체로 봐야만 합니다.

제 시선은 여러분이 이 땅위에서 겪었고, 앞으로 겪게 될 감각적인 인상들을 전체적인 배열 속에 넣고 봐야 합니다. 여러분이 겪었던 일들을 차례대로 보아선 안 되고 그것들을 현재 존재하는 전체로서 보아야 합니다. 변화는 4차원의 특성이기 때문에, 그것들을 살아 움직이는 유동적인 전체로 보아야 합니다.

자, 이제 여러분의 마음 안에 이 사실들이 확고하게 자리 잡았다면, 이것들이 3차원 세상의 우리들에게 가진 의미는 무엇인가요? 그것은 만약 우리가 시간의 흐름을 따라 이동한다면 우리는 미래를 볼 수 있고, 원한다면 그것을 바꿀 수 있다는 것을 말합니다.

우리가 단단한 실체라고 생각하는 이 세상도, 언제라도 나갈 수 있고 언제라도 넘어 갈 수 있는 그림자일 뿐입니다. 보다 근본적이고 차원적으로 넓은 세상으로부터 방사된 것입니다. 또 보다 근본적인 세상은 한층 더 보다 근본적이고 차원적으로 더 넓은 세상으로부터 방사된 것이고, 계속 반복한다면 결국 무한으로 갑니다. 세상에 아주 많은 차원을 더하더라도 무한이란 것은 어떤 방법이나 분석을 통해 이해할 수 없습니다.

간단하게, 보이지 않는 상태 속에 의식의 초점을 맞추고 그것들을 보고 느끼려 함으로써, 우리는 차원적으로 더 거대한 세상의 존재를 증명할 수 있습니다. 보이지 않는 상태 속에서 의식이 모아지고 유지된다면, 지금 현재의 환경들은 사라지고 차원적으로 더 넓은 세상 속에서 깨어날 겁니다. 그리고 그곳에서 생각했던 사물은 단단하고 객관적인 실체로서 보일 것입니다.

만약 사람이 차원적으로 더 넓은 세상으로부터 생각을 뽑아내어 마음 안으로 더 깊게 철수해 들어간다면 시간도 객관적인 것으로 만들 수 있을 것이라고, 저는 직관적으로 느낍니다. 내부의 마음 안으로 들어가서 시간을 객관적인 것으로 만들 때마다 공간은 차원적으로 더 넓은 세상이 된다는 것을 발견할 겁니다. 그리고 그 생각으로 인해 시간과 공간은 연속적이고, 인생의 드라마는 단순히 수많은 차원적인 시간의 구역들을 넘어가는 것에 지나지 않다는 결론을 낼 겁니다.

연속적인 우주가 존재하는 이유를 과학자들은 언젠가 밝혀낼 겁니다. 그러나 실생활에서는 이 연속된 우주를 어떻게 이용해야 우리의 미래를 바꿀 수 있는가 하는 점이 보다 중요합니다. 미래를 바꾸는 것과 관련해서는 무한한 연속된 우주들 속에서 두 가지 세상에만 관심을 두면 됩니다. 하나는 우리 신체의 감각에 의해 인지되는 세상과 다른 하나는 신체 기관들에 의존하지 않고 인지할 수 있는 세상입니다.

다양한 미래 안에서 원하는 것을 고를 수 있는 선택들이 매 순간 자신 앞에 있다고, 저는 말했습니다. 그러나 사건이 일어나기도 전에 그 사건을 볼 수 있다는 사실을 생각해보면, 이런 질문이 떠오를지도 모릅니다. "3차원 세상에 머물러 있는 사람의 경험이 미리 결정되어 있다면, 미래를 바꾸는 것이 어떻게 가능하다 말할 수 있지?"

우리가 이 땅위의 경험들을 이 인쇄된 종이에 비유해본다면 미래를 바꿀 수 있는 능력을 알 수 있을 겁니다. 사람은 이 땅위에서 사건들을 하나씩 연속해서 겪고 있습니다. 같은 방식으로 여러분은 이 페이지의 글자들을 하나씩 연속해서 읽고 있습니다. 이 페이지의 모든 글자가 하나의 단일한 감각적 인상들을 나타낸다고 가정해 보십시오. 문맥을 이해하고 제가 말하고자 하는 뜻을 이해하기 위해서 여러분은 맨 위쪽의 좌측에 있는 첫 글자부터 시작해서 오른쪽을 향해 한 글자씩 차례대로 시선을 이동시킬 겁니다. 그래서 이 종이의 마지막 글자에 다다랐을 때, 제가 말하고자 하는 뜻을 이해할 수 있습니다. 이 종이에 인쇄된 글자들은 모두 동등한 가치를 가지고 있습니다. 그런데 여러분이 이 글자들을 재배열하겠다고 마음을 먹었다고 생각해보십시오. 그 글자들을 가지고 여러분은 완전히 다른 이야기들을 만들어낼 수 있을 겁니다. 정말로 수많은 다양한 이야기들을 할 수 있을 겁니다.

　꿈이란 것은 통제에서 벗어난 4차원의 생각이거나 혹은 과거와 미래의 감각적인 인상들이 재배열된 것, 그 이상이 아닙니다. 깨어있을 때 경험하게 될 사건들을 순서대로 꿈을 꾸는 사람은 거의 없습니다. 시간적으로 따로 떨어진 두 가지 혹은 그 이상 되는 사건들을 하나의 단일한 감각적 인상들에 녹여 꿈을 꿉니다. 아니면 단일한 감각적 인상들이 완전히 재배열되어, 나중에 잠에서 깨어나 그 일들을 마주쳤다

해도 전혀 알아볼 수 없을 수도 있습니다.

예를 들어 설명해보면, 저는 제가 사는 아파트 1층에 위치한 레스토랑에서 우편물을 배달하는 꿈을 꾸었습니다. 꿈속에서 레스토랑의 여주인은 "그곳에 두어선 안 됩니다."라고 말했습니다. 그 후에 엘리베이터 근무자가 편지 몇 개를 주었고 제가 그것에 대해 감사하다고 말했더니 그도 저에게 감사하다고 했습니다. 이때 저녁 엘리베이터 근무자가 나타나서 저랑 인사를 했습니다.

이 꿈을 꾼 다음 날, 제가 아파트를 나올 때 방문 앞에 놓여 있던 편지들을 집었습니다. 내려오는 길에 낮 엘리베이터 근무자에게 팁을 주며 편지를 전해놓은 것에 대해 고맙다고 했더니 그도 팁에 대해 감사하다고 말했습니다. 그날 제가 집에 돌아오는 길에 호텔 문지기가 배달하는 사람에게 "그곳에 두어서는 안 됩니다."라고 말하는 것을 들었습니다. 그리고 아파트로 올라가기 위해 엘리베이터를 잡으려할 때, 레스토랑에서 낯익은 얼굴을 보고는 안을 들여다보자 여주인이 웃으면서 인사를 건넸습니다. 그날 밤, 저녁 손님들을 엘리베이터까지 안내해주며 인사를 하자, 저녁 엘리베이터 근무자가 저에게 저녁인사를 건넸습니다.

몇 개의 단일한 감각적인 인상들을 재배열해보면 제가 다음 날 겪기로 예정되었던 것들이 됩니다. 그리고 두 개 혹은 그 이상 되는 사건들을 하나의 단일한 감각적인 인상 속으로 합쳐 놓는다면 깨어있는 동안 겪은 것과는 조금은 다른 꿈을 만들 수도 있습니다.

4차원 세계에서 우리 의식의 움직임을 조절하는 것을 배우게 되면, 3차원 세계의 환경들을 의식적으로 창조할 수 있게 될 겁니다. 우리는 깨어있는 꿈을 통해 의식을 조절하는 법을 배울 수 있습니다. 또 그 상태에서 노력 없이 주의력을 유지할 수 있습니다. 노력 없이 주의력을 갖는 것은 미래를 바꾸는 데에 필수적인 요소입니다. 통제할 수 있는 깨어있는 꿈 안에서 3차원 세상에서 겪기 원하는 사건들을 의식적으로 만들 수 있습니다.

우리가 깨어있는 꿈을 만들기 위해서 사용하는 감각적인 인상들은 시간 또는 4차원적인 세상 안으로 옮겨진 현존하는 실체입니다. 깨어있는 꿈을 만들기 위해 우리가 해야 할 일은, 감각적 인상들이 광범위하게 존재하는 곳으로부터 적절한 것들을 뽑아 재배치시켜서 우리의 소망이 이루어졌다는 것을 나타나게끔 만드는 겁니다.

꿈을 아주 명확하게 정한 후에 의자에 앉아 편안하게 긴장을 풀고 잠과 비슷한 의식 상태를 만듭니다. 그 의식 상태는 잠과의 경계선상에 있지만, 의식의 움직임을 의식적으로 통제할 수 있어야 합니다. 그런 후에 이 깨어있는 꿈이 객관적인 실체라면 현실 속에서 겪을 만한 일들을 마음 안의 영상 속에서 경험합니다.

미래를 바꾸기 위해 이 기법을 적용할 때 기억해야 할 것이 있는데, 깨어있는 꿈 안에서 마음을 유일하게 지배하는 것은 소망이 성취된 것을 나타내는 행동과 감각이어야 한다는 사실입니다. 어떤 방법으로 상상이 현실이 되느냐의 문제는 우리가 상관할 바가 아닙니다. 깨어있는 꿈을 물질적인 실체로서 받아들인다면 그것들 스스로 소망을 이루기 위해 방법들을 모색할 겁니다.

기도, 즉 통제된 깨어있는 꿈에 대한 기초에 대해 다시 정리해보겠습니다.

1. 원하는 바를 명확하게 하십시오.

2. 원하는 것이 성취되었다면 마주칠만한 사건을 구상하십시오. 그 사건은 여러분 자신이 주인공이 된 행동이어야 하고, 원하는 것이 이루어졌다는 것을 나타내는 사건이어야 합니다.

3. 몸을 움직이지 말고 잠과 비슷한 상태를 불러일으키십시오. 그런 후에 구상했던 행동을 하고 있는 여러분을 마음

속으로 느껴, 소망이 성취됐다는 감각만이 마음을 지배하게 하십시오. 여러분이 지금 여기에서 실제로 그 행동을 하는 중이라고 상상해서, 여러분이 원하는 것을 이루었을 때 현실에서 경험할만한 것들을 상상 속에서 경험하십시오.

제가 경험을 통해 볼 때 이 방법이 원하는 것을 이루는 가장 쉬운 길입니다. 그러나 만약 제가 의식의 움직임을 완벽하게 통제했었다고 말한다면, 이 세상에서 제가 저지른 많은 실패들이 그렇지는 못했다는 것을 보여줄 겁니다. 그러나 고대의 스승과 더불어 다음과 같이 저는 말할 수 있습니다. "내가 하는 이 한 가지는, 뒤에 있는 것들은 잊고, 목표를 향해 앞으로 나아가는 것이다." [빌립보서 3:13,14]

* * * *

다시 한번 말씀드리지만, 여러분이 한 일이 이 세상에 현실로 나타나게 하는 책임은 여러분의 몫이 아닙니다. 그것이 "어떻게" 이루어질지에 대해 걱정하지 마십시오. 여러분은 그것이 이루어졌다는 것을 사실로 받아들였습니다. 그것들은 그들만의 방식으로 스스로를 세상에 드러냅니다. 여러분에게는 그것들을 세상에 드러낼 책임이 없습니다.

이 진리를 나타내는 구절이 출애굽기에 짧은 구절로 표현돼 있습니다. 많은 사람들이 수세기에 걸쳐 그 구절을 읽고 말했지만, 내용을 잘못 이해했었습니다. 이렇게 말합니다.

"새끼염소를 어미의 젖에 담그지 마라."(킹 제임스 버전 : "그대들은 새끼염소를 어미의 젖에 삶지 말라.") [출애굽기 23:19]

1948년이라는 문명화된 시대에도, 수많은 사람들이 이 내용을 잘못 이해해서 우유에 관련된 제품들을 고기접시에 놓지 않으려 합니다. 지금까지도 그렇습니다. 그들은 성경을 역사적인 것이라 생각해서는, 성경의 "새끼 염소를 어미의 젖에 담그지 마라."라는 구절 때문에 우유, 버터, 치즈 같은 유제품들은 새끼염소나 어떤 종류의 고기와도 함께 먹지 않으려 합니다. 실제로 그릇도 따로 따로 구별해서 쓰려 합니다.

하지만 여러분은 이 구절을 가지고 마음에 관한 해석을 내려야 합니다. 명상을 마치고 여러분은 원하는 모습이 되었다는 것을 사실로 받아들였습니다. 의식은 하느님이고 여러분의 의식은 마치 생명의 물줄기 혹은 젖줄기와도 같아서, 의식 안에 자리 잡고 있는 것들에게 영양분을 주고 생명을 주고 있습니다. 다른 말로 하자면 여러분의 주의를 끌고 있는 것은 여러분의 생명을 받고 있습니다.

오랜 기간 동안 새끼염소는 제물의 상징이었습니다. 여러분 세상 안의 모든 것들은 여러분이 생명을 주어 태어나게 한 것입니다. 여러분이 어떤 것들에게 생명을 주었지만, 더 이상 그것들에게 생명을 계속적으로 주고 싶지 않을 때도 있습니다. 여러분은 크로노스처럼 여러분 아이를 먹어버리는 질투가 강한 아버지입니다. 이전에 세상에 태어나게 했던 것들이 차라리 없는 편이 낫다고 생각될 때, 그것들을 먹어버릴 수 있는 권리가 여러분에게 있습니다.

  그때 여러분은 의식 안에서 과거의 상태를 떨쳐냅니다. 그 이전의 상태들은 여러분이 여러분의 세상 안에 나타냈고 표현했던, 여러분의 새끼염소이자 아이였습니다. 그렇지만 이제는 원하는 모습이 되었다는 것을 사실로 받아들였습니다. 그리고는 이전의 상태를 뒤돌아본다거나, 그것들이 어떻게 사라지는지를 궁금해하지 않습니다. 만약 뒤돌아보게 되어 그것에 주의를 기울인다면, 다시 한번 새끼염소를 어머니의 젖에 담그는 짓입니다.

  "나는 정말 그 상태로부터 벗어났는지 궁금하다." 또는 "정말 그것들이 진실인지 궁금하다." 스스로에게 이런 의문을 던지지는 마십시오. 그것들을 현실로 드러내는 책임은 여러분의 어깨 위에 놓인 짐이 아닙니다. 그러니 여러분의 의식은 이미 그것들이 이루어졌다는 것에만 놓으십시오. 그것들을 만들어 내려고 노력하지 마십시오. 이미 그것들은 현실입니다. 이미 현실인 것을 여러분은 가지고 있습니다. 이미 이루어졌다는 것을 사실로 받아들여 나아가십시오. 여러분이 알지 못하고, 저도 알지 못하고, 아무도 알지 못하는 방법으로 그것들은 현실로 드러날 겁니다. 어떻게 이루어질 것인지에 관심을 기울이지 마시고 옛 상태를 뒤돌아보지 마십시오.

"그의 손에 쟁기를 들고, 뒤를 돌아보는 자는 하느님의 왕국에 들어가기 적당치 아니하다." [누가복음 9:62]

단지 그것이 이루어졌다는 것을 사실로 받아들이십시오. 이성이 활동하지 못하게 하고 3차원 마음이 어떤 논쟁도 못하게 하십시오. 소망이 이루어지는 일은 3차원 마음의 능력 밖에 있습니다.

여러분이 원하는 모습이 이미 되었다는 것을 사실로 받아들이고 마치 그렇게 된 듯 걸어 나가십시오. 그리고 사실로 받아들인 것들에 믿음을 유지할 때 상상들은 현실로 굳어질 것입니다.

교정용 가지치기 가위

당신의 발목을 꽉 잡던 과거의 잘못된 감정들이 더 이상 힘을 행사하지 못하게 하십시오. 이 일은 마음에서 경험을 다시 쓰는 것을 통해 할 수 있습니다. 다시 말해 교정하고 싶은 과거를 기억해서, 그때 당시에 당신이 했었어야 하는 말을 하고, 했었어야 하는 행동을 하는 모습으로 바꿔봄으로써 할 수 있습니다. 똑같은 실수를 반복하지 않을 거라 결심했다면 이렇게 마음의 영상을 새롭게 교정해서 잠재의식으로 다시 돌려보내십시오.

이 기법을 반복한다면 기억에 붙어 있는 미움, 분노와 같은 분란한 정신적 감정들 모두를 제거하게 될 것입니다. 이런 파괴적인 감정들을 떠나보낸 만큼, 나쁜 건강과 탐탁치 않은 상황과 같은 잘못된 결과들을 끌어당기던 힘들로부터 해방될 수 있습니다.

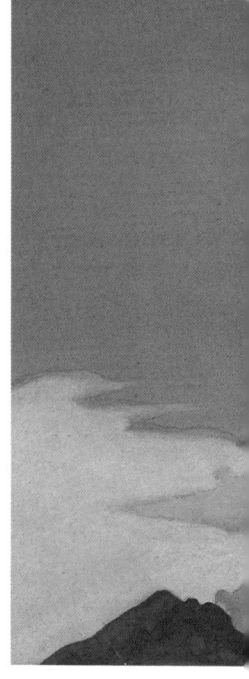

네빌고다드, "리액트"

QUESTIONS AND ANSWERS

질문: 책 표지에 있는 그림(p.1)은 무슨 뜻입니까?
답변: 가슴 위에 눈이 놓여있고, 이것은 또 열매가 달려있는 나무 위에 놓여 있습니다. 여러분이 사실로 받아들이고 인식한 것들은, 여러분이 실현시킬 것이라는 뜻을 담고 있습니다. 인간은 가슴 속에서 생각하는 대로 그렇게 됩니다.

질문: 저는 결혼하기를 원합니다. 그런데 적당한 사람을 찾지 못했습니다. 어떻게 마음속에서 남편을 그려야 할까요?
답변: 이상형과 영원한 사랑을 하는 것은 마음을 사로잡는 이상적인 상태입니다. 특정한 사람과의 결혼으로 한정짓지 마십시오. 대신에 충만하고, 풍요롭고, 풍성한 상태를 그리세요. 당신은 결혼생활의 즐거움을 경험하기를 원합니다. 꿈을 낮추지 말고, 더 아름답게 만들어서 더욱 풍성하게 만드십시오. 그런 후에 욕망을 하나의 단일한 감정으로 압축시키거나 성취되었다는 것을 나타내는 행동으로 만드세요. 서양에서는 여자가 결혼하면 왼손 넷째 손가락에 반지를 끼웁니다. 어머니가 되는 것이 결혼을 나타내진 않고, 서로 사랑을 나누는 것이 결혼했다는 것을 나타내지 않습니다. 하지만 결

혼반지는 결혼한 것을 나타냅니다. 편안한 안락의자에서 긴장을 푸시거나 땅바닥에 등을 대고 누워서 잠과 비슷한 상태 속에 들어가세요. 그런 후에 결혼했다는 감정을 사실로 받아들이세요. 손가락에 결혼반지가 있는 상상을 해보세요. 반지를 만져보고, 돌려보고, 마디를 지나 빼보세요. 실제와 같은 느낌과 뚜렷함을 가질 때까지 이 행동들을 계속 반복하십시오. 손가락에 반지가 있는 느낌 속에 푹 빠진 후에 눈을 뜨신다면 아마 상상 속의 그곳에 있지 않다는 것에 놀라게 될 겁니다. 만약 남자라서 결혼반지를 끼지 않을 때는 전보다 더 무거워진 책임감을 갖고 있다는 것을 사실로 받아들이십시오. 돌봐야하는 아내가 있다면 어떤 기분을 느끼겠습니까? 지금 당장 행복하게 결혼한 남자라는 느낌을 사실로 받아들이십시오.

질문: 글 쓰는 데에 필요한 것처럼 창조적인 생각이 떠오르게 하기 위해서는 어떻게 해야 하죠?

답변: 어떻게 해야 하냐고요? 글들을 이미 다 썼고 큰 출판회사에 원고가 받아들여졌다는 것을 사실로 받아들이십시오. 작가가 된 생각을 만족의 감정으로 압축시키세요. "끝내준다." 또는 "감사합니다, 감사합니다, 감사합니다."와 같은

간결한 말을 성공했다는 느낌을 가질 때까지 계속 반복하십시오. 아니면 축하해주고 있는 친구를 마음속에 그리세요. 성공을 나타내는 것들은 여러 가지가 있지만, 우리는 항상 그 결과에 가 있어야 합니다. 결과에 서 있는 것이 성취를 불러일으킬 겁니다. 자신이 글을 쓰고 있다는 것을 그리지 말고, 원하는 작가가 지금 되어 있는 것처럼 살고 행동하십시오. 글 쓰는 재주가 있다고 사실로 받아들이십시오. 세상에 어떤 모습으로 보이기를 원하십니까? 그 모습을 생각하세요. 사람들이 당신의 작품을 열렬히 기다리고 있는 것처럼 행동하십시오. 또 독자들이 당신의 작품을 열렬히 원해서 그 수요를 따라가기 힘든 것처럼 살아가십시오. 사실로 받아들인 것들을 계속 유지한다면 목적을 이루기에 필요한 모든 것들이 꽃피어날 것이고 당신은 그것들을 나타낼 것입니다.

질문: 제 강의에 많은 사람들이 참석한 것을 어떻게 그릴까요?
답변: 제가 아는 유능한 교사가 쓰는 기법을 말해주는 것이 낫겠네요. 이 남자가 이 나라에 처음 와서 뉴욕의 작은 홀에서 강의를 하기 시작했습니다. 일요일 아침 모임에 50명, 60명 정도가 참석해서 앞쪽에 자리 잡고 앉아 있었는데도, 이 교사는 연단에 서서 아주 많은 참석자들을 그리곤 했습니다.

그런 후에 빈 공간에 대고 말하곤 합니다. "그 뒤쪽에 앉으신 분들, 제 말이 들리나요?" 오늘날 이 남자는 뉴욕 카네기 홀에서 2500명 가까이 되는 사람들에게 매주 일요일 아침과 수요일 저녁에 강의를 하고 있습니다. 그는 많은 사람들 앞에서 강의하기를 원했습니다. 그는 수수한 사람이 아니었습니다. 자신을 속이려하지 않고, 자신의 의식 안에서 많은 관중들을 만들었고, 그들이 오는 것을 만들었습니다. 많은 관객 앞에 서십시오. 상상 속에서 이 관객들 앞에서 말하십시오. 무대에 실제 서 있다는 느낌을 갖는다면 그 느낌은 세상에서 방법들을 찾아 제공할 것입니다.

질문: 여러 가지 것들을 동시에 상상하는 것도 가능한가요? 아니면 하나의 소망을 그려야 할까요?

답변: 저는 개인적으로 한 번에 하나의 상상에 집중하는 것을 선호합니다. 그렇다고 그 생각만 해야 한다는 의미는 아닙니다. 하루 동안 여러 가지를 그릴 수도 있지만, 소소한 것들 여러 가지를 다 그리지는 마시고, 그것들 전체를 포함하는 커다란 것을 그리기를 권해드립니다. 부유해진 것을 그리고, 건강을 그리고, 친구들을 그리고 이렇게 하기보다는 기뻐하는 모습을 그리십시오. 몸에 아픈 곳이 있는데 기뻐하는

모습을 보인다는 것은 말이 안 됩니다. 압류통지서를 받고서 기뻐한다는 것은 불가능합니다. 인간관계가 좋지 못하고 사랑을 만끽하지 않으면서 기뻐할 수도 없습니다. 어떤 일 때문에 기뻐하는지 알 수는 없지만, 여러분이 기쁨 속에 있다면 여러분의 마음은 어떤 상태겠습니까? 기쁜 생각들을 "멋지다."와 같은 단일한 감정으로 압축시키십시오. 현재 의식과 이성적인 마음이, 왜냐고 묻지 못하게 하십시오. 만약 그런 질문을 하게 만든다면 무언가 눈에 보이는 이유들을 찾기 시작할 것입니다. 그러면 여러분은 그 "멋지다"는 감정을 놓치게 됩니다. 경이로운 감정 하나만을 잡으십시오. 그러면 그 감정들을 사실로 만드는 증거들이 나타날 겁니다. 그리고 이 증거들은 모든 소소한 일들을 다 포함할 것이라고 약속드립니다.

질문: 상상 속의 행동을 얼마나 자주, 얼마나 오래 해야 하나요?
답변: 창세기를 보시면 야곱이 천사와 씨름을 하는 이야기가 나옵니다. 이 이야기가 질문하신 내용에 대한 답이 될 겁니다. 만족감이 찾아오면, 더 이상 기도할 필요가 없어집니다. 현실과 같은 느낌이 든다면, 적어도 그 순간에는 무력해집니다. 성취되었다는 느낌이 들었다면 기도행위를 계속 반복할

욕구가 사라집니다. 이미 여러 분이 가지게 된 것을 계속 원할 수는 없습니다. 여러분은 원하는 모습이 이미 되었다는 것을 사실로 받아들여 기쁨을 느끼는 순간까지 지속시킨다면, 더 이상 갈망하는 마음을 계속 가질 수 없습니다. 육체적인 창조행위(성행위)를 할 때 만족을 느끼면 창조행위를 멈추고, 힘이 빠져 오그라듭니다. 그런데 상상의 행위도 그것과 유사합니다. 왜냐하면 인간이 육체적인 창조행위로 그와 닮은 것을 만들어내는 것과 같이 여러분의 상상하는 행위 역시 상상한 것과 비슷한 모습으로 여러분을 만들어내기 때문입니다. 그러나 여러분에게 만족감이 느껴지지 않는다면, 여러분이 그것들을 손으로 만질 수 있는 것처럼 느껴서 여러분에게서 힘이 빠져나갈 때까지 계속 반복하십시오.

질문: 물질적인 것들을 구하려하지 말고 영적인 성장만을 구하라고 배웠는데, 저는 아직 돈과 같은 것들을 원합니다.

답변: 여러분은 자신에게 정직해야만 합니다. 모든 성서에서 다음과 같은 질문이 주어집니다. "그대는 나에게서 무엇을 원하는가?" 어떤 사람은 시력을 원하고, 다른 사람은 음식을 원하며, 또 다른 사람은 "내 아이가 살아나기를" 원합니다. 여러분의 차원적으로 커다란 자아는 욕망이라는 언어를 통

해 여러분에게 말하고 있습니다. 여러분 자신을 속이지 마십시오. 무엇을 원하고 있는지 알아서, 여러분이 그것들을 이미 가지고 있다고 주장하십시오. 원하는 것을 여러분에게 주는 것은 하느님 아버지의 커다란 기쁨입니다. 다음을 기억하십시오. "여러분이 원하고 있는 것을 여러분은 가지고 있습니다."

질문: 원하는 것이 이루어졌다는 것을 사실로 받아들였을 때, 거대한 내부의 자아가 보살펴주면서 상상한 것들을 우리에게 가져다준다고 생각해야 합니까?

답변: 결과에 서 있는 것이 방법들을 결정합니다. 소망이 성취되었다는 느낌을 사실로 받아들이면 여러분의 차원적으로 더 거대한 자아가 방법들을 결정할 겁니다. 여러분이 이미 그것을 가지고 있는 것과 같은 상태 속에 있다면, 일상생활을 할 때 마음은 모든 걱정거리로부터 해방되어 있을 겁니다. 어떤 존재가 그 소망을 이루어 주려고 한다는 생각을 지닐 필요는 없고, 단지 그것들이 이미 이루어졌다는 것을 알면 됩니다. 그것이 이미 사실이라는 것을 알고, 사실인 것처럼 나아가십시오. 그러면 주변의 것들이 그것을 그렇게 만들기 위해서 스스로 일어날 겁니다. 어떤 존재가 나를 위해 무

언가를 하고 있다는 것은 신경 쓰지 마십시오. 내부의 깊은 자아, 차원적으로 거대한 자아는 이미 그것들을 이루어 놓았습니다. 앞으로 그 일을 만나는 일만 남았습니다. 예수님이 한 남자에게 '너의 아이가 살아났다'고 말한 그 시간에, 집으로 돌아가던 남자는 하인으로부터 '아이의 상태가 좋아졌습니다'라는 말을 들었습니다. 그 남자가 하인에게 몇 시에 그런 일이 일어났냐고 묻자, 7시라고 대답했습니다. 7시는 예수님이 남자에게 '너의 아이가 살아났다'고 말해, 아이가 살았다는 것을 사실로 믿은 때입니다. 여러분이 바라던 것은 이미 이루어졌습니다. 이미 이루어진 것처럼 걸어 나간다면, 이 존재가 속해있는 차원에서의 시간은 천천히 흘러가더라도, 사실로 받아들인 것에 대한 증거를 내놓을 겁니다. 단지 조급해하지 마세요. 여러분에게 정말 필요한 한 가지를 꼽으라면 그것은 인내입니다.

질문: 아무것도 하지 않은 자는 아무것도 얻을 수 없다는 법칙이 있지 않습니까? 우리는 원하는 것을 열심히 노력해서 얻어야만 하지 않나요?

답변: 창조는 이미 끝났습니다! 여러분에게 왕국을 가져다주는 것은 아버지가 기뻐하는 일입니다. 탕아의 비유가 이

질문에 대한 답입니다. 아들은 탕진했습니다. 하지만 자신이 누군지 다시 이해하게 되고 기억해냈을 때, 아버지는 살찐 송아지를 먹이고 권능을 나타내는 옷과 반지를 내주었습니다. 일해서 얻어야 할 것은 없습니다. 창조는 태초에 이미 끝났습니다. 인간인 여러분은 세상에 모습을 드러낸 하느님입니다. 여러분의 목적은 이미 존재하고 있는 것을 드러내는 것이지, 존재해야 될 것을 새롭게 만드는 것이 아닙니다. 구원받기 위해, 이마에 땀을 흘려 일을 해야 한다고 생각하지 마십시오. 추수까지 4개월을 기다리는 것이 아니라, 들판은 이미 하얗게 익어 낫을 들기만 하면 됩니다.

질문: 창조는 이미 끝났다는 생각은 우리에게 결정권이 없다는 말이 아닌가요?
답변: 지상에서 일이 일어나기 전에 그 사건들을 볼 수 있다는 것은, 3차원 세상에 살고 있는 사람들이 보기에는 모든 일들이 미리 결정되어 있다는 것을 나타냅니다. 하지만 그렇게 미리 보게 된 것을 반드시 겪어야 하는 것은 아닙니다. 자아의 관념을 바꾸게 되면 미래에 간섭하게 되어, 변화된 자아의 관념에 맞추어 새로운 미래를 만들 수 있습니다.

질문: 미래를 바꿀 수 있는 능력이 있다면, 창조는 이미 끝났다는 것을 부정하는 것이 아닙니까?
답변: 아닙니다. 자아의 관념을 바꾸어, 주변의 상황들과 여러분의 관계를 변화시킵니다. 연극 대본의 글자들을 새로 배열해서 다른 연극을 쓰려고 한다면, 새로운 글자들을 만들 필요 없이 단순히 그 글자들을 새로 배열해내는 즐거움만을 가지면 됩니다. 자아의 관념은 여러분이 마주치게 될 사건들의 상태를 결정합니다. 그것들은 태초부터 있었습니다. 단지 지금처럼 배열된 상태는 아니었습니다.

질문: 형이상학을 열심히 공부하는 사람은 왜 항상 가난한 건가요?
답변: 그건 그 사람들이 형이상학의 원리를 정말로 적용하지 않았기 때문입니다. 살아가는 데에 그냥 그렇게 적용해서는 안 되고 항상 모든 일상에서 의식의 법칙을 적용해야 합니다. 여러분이 어떤 이득을 자신의 것으로 만들었을 때, 그것이 세상에서 현실화되기 위해서 누군가의 도움이 필요하다거나 어떤 사회적인 지위가 필요한 것이 아닙니다.
인간 세상 안에서 살려면 매일매일 돈이 필요합니다. 내일 점심에 여러분을 초대한다 해도 돈이 있어야 합니다. 호텔을 떠날 때에도 계산을 해야 됩니다. 뉴욕까지 기차를 타고

가도 운임을 내야 하고요. 저는 돈이 필요 하고, 돈은 있어야 합니다 저는 "하느님이 내가 돈이 필요하다는 것을 아시고 알아서 해결해 주실 거야"라고 말하지 않습니다. 그러기보다는 이미 그것들이 있는 것처럼 돈을 쓸 겁니다. 우리는 확신을 갖고 살아야만 합니다! 원하는 것들을 가지고 있는 것처럼 살아나가야 합니다. 여러분이 남을 도왔고, 어떤 저 하늘 위의 누군가가 그 선한 일을 보고는 여러분의 짐을 덜어주기 위해 무언가를 준다고 생각하면 안 됩니다. 여러분을 위해 무언가를 해주는 사람은 없습니다. 단지 여러분 자신만이 아버지가 이미 주신 것들을 확신을 갖고 쓰셔야 합니다.

질문: 자신이 배웠다는 느낌을 사실로 받아들이면, 배우지 못한 사람이 그렇게 될 수 있나요?

답변: 네. 솟아난 관심이 여러 곳으로부터 정보를 얻게 만듭니다. 배우기를 정말로 원해야만 합니다. 배웠다는 느낌을 사실로 받아들인다면 잘 배우고자 하는 욕구가 생기고, 이것은 여러분이 어떤 책을 읽고 무엇을 배워야 할지 더 선택적으로 고르게 해줍니다. 교육이 진척됨에 따라 자동적으로 여러분이 하고 있는 모든 것에서 보다 안목이 높아지고, 보다 식별력이 높아지게 됩니다.

질문: 제 남편과 함께 이 강의를 듣고 있습니다. 서로가 원하는 것들을 서로에게 말해도 될까요?

답변: 성경에는 이것에 관해 두 가지의 영적인 말이 있습니다. 하나는, "가서 누구에게도 말하지 말라." 다른 하나는 "나는 그것들이 일어나기 전에 그대에게 말했다. 그것들이 일어났을 때, 그대가 그것을 믿게 하기 위해서다." 여러분의 소망이 성취되어 현실 속에서 나타나기 전에 그것들을 다른 이에게 말하기 위해서는 영적인 확신이 필요합니다. 만약에 이런 확신이 없다면 침묵을 지키는 편이 더 낫습니다. 개인적으로 저는 저의 계획을 제 아내에게 말하는 것을 좋아합니다. 왜냐하면 말했던 것들이 현실로 이루어졌을 때, 우리 둘 다 쾌감을 느끼기 때문이죠. 한 남자가 이 법칙을 가장 먼저 입증해주고 싶은 사람은 자신의 아내일 겁니다. 가장 위대한 이는 마호메트라고 말해집니다. 첫 번째 제자가 자신의 아내이기 때문입니다.

질문: 남편과 제가 같은 것을 이루려고 해야 하나요? 아니면 다른 것을 해야 하나요?

답변: 그건 전적으로 자신한테 달렸습니다. 아내와 저는 관심사가 다릅니다. 그렇지만 공통된 부분들도 많습니다. 제가

이번 봄에 미국으로 돌아왔던 이야기를 기억하십니까? 미국으로 돌아오는 항공권을 구하는 것은 남편의 의무라서, 저는 그것을 제 의무로 인정했습니다. 제 아내에게는 다른 의무가 있다고 생각합니다. 집을 깨끗하고 아름답게 유지하고, 우리 딸에게 알맞은 학교를 구하고 잘 돌보고 그런 것들이 있습니다. 종종 저의 아내는 저에게 그녀를 위해서 마음속에 어떤 것을 상상해달라고 부탁합니다. 마치 그런 일을 하는 데에 그녀 자신의 능력보다 저의 능력이 더 크다는 믿음을 가진 것처럼 말이지요. 가족들이 가장에게 믿음을 가지고 있다는 사실은 기분 좋은 일입니다. 사랑하는 사람들 사이에 서로를 위해 이런 일을 하는 것은 전혀 문제가 없다고 생각합니다.

질문: 제가 생각하기로는 만약에 졸음이 오는 상태에 깊게 들어간다면 느낌을 갖는 데에 어려움이 있을 것 같은데요.
답변: 제가 말하는 '느낌'은 감정(emotion)이 아니라 소망이 이루어졌다는 사실을 받아들이는 것입니다. 성취감, 감사함, 충만함을 느끼면서 "감사합니다", "정말 멋져!", "이루었다!"라고 말하는 것은 쉽습니다. 감사의 상태에 들어가면, 그 소망이 이미 이루어졌다는 것을 알고 깨거나, 소망이 이루어진 느낌으로 잠들 수 있습니다.

질문: 사랑이라는 것은 의식의 산물입니까?

답변: 사랑이든 질투든, 모든 것들은 여러분 의식 안에 존재합니다. 어떤 것도 외부에서 나온 것은 없습니다. 도움을 바라면서 쳐다보고 있는 저 언덕도 모두 내부의 것입니다. 사랑의 느낌, 질투의 느낌, 무관심의 느낌, 그 모두가 여러분 자신의 의식으로부터 나옵니다. 여러분은 자신이 상상할 수 있는 위대한 존재보다도 비교할 수 없을 정도로 위대한 존재입니다. 그 무한한 시간 속에서 여러분은 계속적으로 위대해질 겁니다. 여러분은 정말 경이로운 존재입니다. 사랑은 여러분이 만든 것이 아닙니다. 여러분이 사랑입니다. 왜냐하면 하느님의 존재가 사랑이고 하느님의 이름은 아이엠(I am)이기 때문입니다. 그 이름은 여러분이 지금의 현재 상태들을 정의하기도 전에 여러분이 여러분 자신에게 붙인 이름입니다.

질문: 내가 원하는 것이 6개월에서 1년 후에야 이루어진다면, 그때까지 상상을 기다려야 하나요?

답변: 어떤 욕망이 생겨날 때, 그때가 바로 여러분의 소망을 전적으로 받아들여야 할 시간입니다. 지금 이 충동이 왜 생기게 되었는지 이유가 있을 겁니다. 3차원적인 존재는 욕망이 성취되었다는 것을 받아들일 수 없겠지만, 4차원 마음은

이미 이루어졌음을 압니다. 따라서 지금 당장 마음속 욕망을 물질적인 현실로 받아들여야 합니다. 집을 하나 짓고 싶다고 가정하겠습니다. 집을 짓고자 하는 충동은 지금 존재하는 겁니다. 하지만 집이 지어지기까지는, 나무도 자라야 하고 목수가 집을 지어야 하고 시간이 걸립니다. 이처럼 욕망이 실현되는 데에는 오랜 시간이 걸릴 것 같이 보여도 그것에 순응해서 기다리기만 해서는 안 됩니다. 지금 이미 그것들을 가졌다는 것을 받아들이고, 그것 스스로 그것만의 알 수 없는 방식으로 세상에 드러나게 하십시오. 6개월이 걸릴 것이라든가, 1년이 걸릴 것이라든가, 그런 말을 하지 마십시오. 욕망이 생겨날 때 그것들을 이미 사실인 것으로 받아들이세요. 오로지 여러분만이, 일이 성취되는 데에 있어서 시간의 간격을 결정합니다. 이 세상에서 시간은 상대적입니다. 무언가가 이루어지는 것을 기다리지 말고, 지금 그것들이 이미 이루어진 것처럼 받아들여 어떤 일들이 일어나는지 보십시오. 여러분에게 어떤 욕망이 일어난다면, 우리가 하느님이라 부르는 여러분의 깊은 자아가 말하고 있는 겁니다. 깊은 자아는 욕망이라는 언어를 통해 여러분에게 이미 있는 것을 받아들이라고 말하는 것이지, 앞으로 이루게 될 것을 받아들이라고 말하는 것은 아닙니다. 욕망이란, 이미 여러분이 그것을 가지고 있다고 말하고 있는 내부의 깊은 자아와 여러분의 대화입니다. 마치 여러분의 마음상태가 소망이 지금 실현된 것처럼 완전히 바뀐다면, 사실로 받아들인 것은 그 모습을 드러낼 겁니다.

질문: 당신이 생각하는 '완전한 삶'이란 무엇인가요?
답변: 다양한 경험을 하는 것입니다. 경험이 다양할수록 삶은 더욱 풍부해집니다. 죽음 후에는 더 큰 차원의 세계에서, 평생 동안 쌓은 경험이라는 건반 위에서 역할을 하게 됩니다. 그러므로 경험이 많을수록, 여러분의 삶은 더 정교해지고 풍요로워집니다.

질문: 태어나자마자 죽은 아이는 어떻게 되나요?
답변: 태어난 아이는 영원히 살아 있습니다. 어떤 것도 실제로 죽지 않습니다. 태어나자마자 죽은 아이는 인간 경험의 키보드를 가지지 못한 것처럼 보일 수 있지만, 한 시인은 이렇게 말했습니다.
"그는 원을 그리고 나를 그곳에서 몰아내며, 불신자이자 악당이라며 나를 배척했지만, 나는 그를 포함하는 더 큰 원을 그려 사랑과 지혜로 이겨냈다!"

사랑받는 사람은 사랑하는 사람의 감각적 경험을 공유할 수 있습니다. 하느님은 사랑이기 때문에, 궁극적으로 모든 사람이 모든 인간의 감각적 인상을 담은 키보드를 갖게 됩니다.

질문: 선생님이 하시는 기도의 방법에 대해 말해주세요.
답변: 욕망에서부터 시작합니다. 왜냐하면 욕망은 행동을 하게 하는 주된 동기이기 때문입니다. 그 다음 원하는 것이 무엇인지 알아야 하고, 그것을 구체화하십시오. 그런 후에 이루어진 것을 나타내는 하나의 느낌으로 압축시킵니다. 원하는 것을 명확하게 구체화시켰다면, 몸을 움직이지 말고 상상 속에서 성취된 것을 나타내는 행동을 경험하십시오. 그 경험이 생생함을 가지고 실제와 같은 느낌을 얻을 때까지 계속 반복하십시오. 아니면 "아버지 감사합니다.", "대단해.", "해냈어."와 같이 성취를 나타내는 하나의 짧은 구절로 압축시키는 것도 좋습니다. 그 말 또는 상상 속의 경험을 계속 반복하십시오. 그 후에 깨어나든지 잠에 빠지든지 상관없습니다. 왜냐하면 잠에 들기 전의 상태, 졸린 상태 안에서 그것들이 이루어졌다고 완벽하게 받아들였다면 기도는 완성됐기 때문입니다.

질문: 두 사람이 같은 자리를 원하고 있습니다. 한 명이 그 자리에 현재 있는데 다른 사람이 그것을 원한다면, 그 자리를 뺏는 것을 원해야 하나요?

답변: 아버지(차원적으로 더 큰 자아)는 여러분이 알지 못하는 길과 방법들을 가지고 있습니다. 그분의 지혜를 받아들이십시오. 소망이 이루어진 것을 느껴서 원하는 것을 아버지께서 여러분에게 주도록 하십시오. 현재 그 자리에 있는 사람이 더 높은 자리로 승진할 수도 있습니다. 혹은 부자와 결혼을 해서 그녀가 일을 그만둘 수도 있습니다. 큰 재산을 상속받거나 다른 곳으로 이사를 가게 될지도 모릅니다. 많은 사람들이 직업을 갖기 원한다고 말하지만 전 이것에 의문이 듭니다. 사람들이 원하는 것은 안정이기 때문에, 직업이 있는 안정적인 환경을 원한다고 생각합니다. 대다수의 사람들이 아침에 일찍 일어나 출근하는 것을 진심으로 원한다고 생각하지 않습니다.

질문: 질병과 아픈 것의 원인은 무엇입니까?

답변: 몸은 감정의 여과기입니다. 과거에는 몸의 질병을 순전히 육체적인 문제로 봤지만, 지금은 감정적인 부조화로 인해 생기는 것으로 인식합니다. 고통은 이완이 결여되어 있을

때 생깁니다. 잠에 든다면 고통은 사라집니다. 말하자면 마취상태에 있다면 몸이 이완되기 때문에 고통을 느끼지 못합니다. 고통이 느껴진다면, 여러분이 긴장된 상태이고 억지로 무언가를 하기 때문입니다. 생각을 억지로 실현시킬 수는 없고, 그저 그것을 자연스럽게 받아들여야 합니다. 그것이 바로 노력이 없는 주의력입니다. 이완되어 있으면서 주의력을 갖는 상태에 들어가기 위해서는 연습밖에 없습니다.

주의력이란 것은 목적을 향해 긴장하는 상태를 말하고, 이완은 완전히 반대되는 상태입니다. 두 가지는 완전히 반대의 개념입니다. 하지만 연습을 통해, 주의력을 지니면서 긴장하지 않는 법을 배울 때까지 두 가지를 하나로 만들어야 합니다. "contention"이라는 뜻은 "노력이 없는 주의력(attention minus effort)"을 말합니다. contention의 상태 안에서는 긴장 없이 생각에 잠혀있을 수 있습니다.

질문: 아무리 행복하려고 노력해도, 마음속 깊이 혼자 남겨진 듯한 우울함이 계속됩니다. 왜 그럴까요?

답변: 사람들이 당신을 원하지 않다고 느끼기 때문입니다. 제가 당신이라면, 사람들이 나를 원하고 있다는 것을 사실로 받아들이겠습니다. 이미 그 기법은 알고 있습니다. 사람들이

당신을 원하고 있다는 것을 사실로 받아들였을 때, 처음에는 실패처럼 보일지 모릅니다. 하지만 사람들이 당신을 원하고 존중한다고 느끼고, 그것을 계속해서 사실로 받아들인다면 현실에서도 그렇게 되는 것을 보고 놀라게 될 겁니다. 사람들은 이전까지 본 적 없던 당신의 매력을 보게 될 겁니다. 약속드리죠. 단지 사람들이 당신을 원한다는 것을 사실로 받아들인다면 정말로 그렇게 될 겁니다.

질문: 사랑하는 이가 죽어서 재정상의 안정을 찾았다면, 제가 그 죽음을 초래한 건가요?

답변: 재정상의 안정을 사실처럼 받아들였더니 사랑하는 이가 죽었다고 생각하지 마십시오. 거대한 자아는 그 누구도 상처주지 않습니다. 우리 내부의 자아는 모든 것을 보고 있습니다. 따라서 모든 이들의 수명도 알고 있기 때문에, 내부의 거대한 자아는 사실로 받아들인 것을 주기 위해 다른 누군가에게 생각을 불어넣을 수 있습니다. 당신에게 물려주기로 결심한 그 사람을 죽인 것이 아닙니다. 경제적인 안정에 대한 생각을 완벽하게 사실로 받아들이고 며칠 후에 삼촌이 3차원 세계를 떠나면서 상속을 남겼다면, 그것은 삼촌이 떠날 시간이었기 때문입니다. 어쨌든 삼촌은 단 1초도 자신이

떠날 시간보다 먼저 떠난 것이 아닙니다. 더 거대한 자아는 삼촌의 삶의 기간을 봤고, 당신이 경제적인 안정에 대한 느낌을 현실로 드러내게 할 방법으로 삼촌의 죽음을 이용했던 겁니다. 목적을 사실로 받아들이는 것이 그것을 실현시킬 방법을 정합니다. 목적 외에는 어떠한 것도 신경 쓰지 마세요. 목적을 실현시키는 일은 조금도 당신의 짐이 아니라는 사실을 항상 명심하십시오. 당신이 그것을 사실로 받아들였기 때문에, 그것은 당신 것입니다.

질문: 원하는 것이 한 가지가 넘습니다. 일정한 시간 동안 한 가지 것을 상상한 후에 또 다른 시간 동안은 다른 것을 하는 것은 효과가 없나요?

답변: 저는 마음속에서 가장 강렬한 하나의 소망을 선택해 그것을 짧은 문구나 성취를 암시하는 하나의 행동으로 압축하는 것을 선호합니다. 그렇다고 저의 소망이 그것 한가지만을 이루는 것으로 제한시키지는 않습니다. 제가 진심으로 목적으로 잡은 것은 모든 소소한 것들을 포함하고 있습니다.

질문: 자아에 대한 관념을 바꾸는 것이 힘들다고 느껴집니다. 왜죠?

답변: 그것은 바꾸고자 하는 욕망이 일어나지 않았기 때문입니다. 여러분이 진정으로 원하는 모습과 사랑에 빠지게 된다면 그 모습이 될 겁니다. 자아를 변형시키고자 하는 강한 갈망이 필요합니다.

"사슴이 물줄기를 애타게 찾는 것처럼, 나의 영혼도 그대를 애타게 찾고 있나이다. 오 주여."

어린 사슴이 갈증을 느껴 숲에서 물을 애타게 찾을 때 호랑이의 포악함에도 맞설 수 있는 것처럼, 여러분도 완벽함이라는 것에 갈증을 느껴 애타게 그것을 찾는다면 완벽함과 하나 됩니다.

질문: 사업을 구상중입니다. 제게 굉장히 중요한 일입니다. 그런데 그것을 어떻게 만들어낼지 상상할 수 없습니다.

답변: 그것을 만들어낼 책임이 당신에게는 없군요. 그것을 현실로 만들어낼 필요 없습니다. 그건 이미 현실입니다. 당신 자아의 관념이 구상중인 사업이 당신으로부터 멀리 떨어져 있는 것처럼 보이지만, 그것은 현재 당신 안에 존재합니다. 그 사업이 굉장한 성공을 거두었다면 어떤 느낌을 갖고 어떤 행동을 하게 될지 자신에게 물어 보십시오. 성공한 모습과 성공한 느낌과 하나 되어 보십시오. 그러면 그 꿈이 아

주 빠른 시간 안에 실현되는 것을 보고 놀라게 될 겁니다. 그렇게 하기 위해 요구되는 단 한가지의 희생물은 당신의 현재의 자아의 관념입니다. 그것을 포기하고 세상에 나타나기 원하는 소망을 마음속에서 소유하십시오.

질문: 제가 배운 바로는 한 민족에 존재하는 믿음과 보편적인 믿음이 내게 영향을 미친다고 했습니다. 선생님이 말씀하고 계신 것은, 제가 어느 정도는 이 보편적인 믿음들에 영향을 주고 다시 그것들이 제게 영향을 준다는 뜻인가요?

답변: 음. 그것은 당신의 개인적인 견해일 뿐입니다. 하지만 현재 자아의 관념이 지니고 있는 증거들은 여러분의 세상 안으로 나타나고 있습니다. 누군가가 여러분을 공격한다면 자신의 자아의 관념을 바꾸십시오. 타인을 변화시키는 유일한 방법입니다. 오늘 배운 내용을 6명에게 읽어보라고 하면, 그들 중 한명도 같은 뜻으로 이해한 사람은 없습니다. 어떤 이는 의기양양할 수도 있을 것이고, 다른 이는 침울해 할 수 있을 것이고, 또 다른 이는 무덤덤할 수도 있습니다. 그러나 이것들은 같은 이야기입니다. 그것들을 무어라 부르든, 보편적인 믿음과 민족적인 믿음은 여러분에게 중요하지 않습니다. 중요한 것은 여러분의 관념입니다. 다른 이의 관념이 아니라

여러분 자신의 관념입니다. 왜냐하면 여러분이 지니고 있는 여러분 자신의 관념이 여러분이 지니고 있는 다른 이의 관념을 결정하기 때문입니다. 다른 이들에게는 관심을 끄십시오. 그들이 여러분에게 무엇입니까? 여러분 자신의 욕망을 따르십시오. 그 법칙은 항상 작동하고 있고, 항상 한 치도 벗어남이 없습니다. 여러분의 의식은, 모든 것들이 그것을 기반으로 세워져 있는 반석입니다. 여러분이 무엇을 인식하고 있는지 보십시오. 여러분은 완벽하게 이 법칙 안에서 살고 있기 때문에 다른 이들을 신경 쓸 필요가 없습니다. 좋은 사람이든, 나쁜 사람이든 아니면 평범한 사람이든 관계없이 그 누구도 자발적으로 여러분에게 다가오는 이는 없습니다. 그가 여러분을 선택한 것이 아닙니다! 여러분이 그를 선택한 겁니다! 여러분 때문에 그 사람이 이끌려서 온 것뿐입니다.

타인이 마음에 들지 않는다고 그것을 힘으로 무너뜨리지 못합니다. 대신에 신경을 끄면 그만입니다. 그 사람이 여러분에게 무엇입니까? 의식이 더 높은 곳으로 올라가게 되면 여러분을 기다리고 있는 새로운 세상을 발견하게 됩니다. 그렇게 여러분을 신성하게 만들 때 다른 이들도 신성해집니다.

질문: 외경들도 사용하시나요?

답변: 저는 그것들을 사용하지는 않습니다. 집에 외경들 몇 권이 있습니다. 현재의 성경 66권보다 더 대단한 것은 아니고 단지 같은 진리를 다른 방식으로 표현한 것뿐입니다. 예를 들면 어린 시절 예수님께서 아이들이 진흙으로 새를 만들고 있는 것을 보는 이야기가 있습니다. 아이들은 손에 새를 쥐고는 새가 마치 날아가는 듯 행동을 했습니다. 예수님께서 다가가 아이들이 가지고 있는 새를 깨뜨렸습니다. 아이들이 울기 시작하자 부수어진 새 중에서 하나를 집으시고는 그것을 다시 만들었습니다. 새를 높이 들고는 숨을 불어 넣자 새는 높이 날아올랐습니다. 이 이야기는 인간의 마음 안에 자리 잡은 우상을 부순 후에 같은 질료들을 사용해 아름다운 형태로 만들고 그것에 생명을 불어넣는 것에 대한 이야기입니다.

"나는 평화를 전해주러 온 것이 아니라, 전쟁을 일으키러 왔다."는 메시지를 전하려는 이야기입니다. 진리는 마음에 자리 잡은, 작은 진흙으로 만든 새들 모두를 죽입니다. 다시 말해 모든 환영들을 죽입니다. 그리고 인간을 자유롭게 만드는 새로운 형태로 만듭니다.

질문: 확언과 부인을 사용하십니까?

답변: 유일하게 효과 있고 가장 좋은 확언은 이미 사실인 것으로 받아들이는 겁니다. 이것은 이전 상태를 거부하는 것도 포함하게 됩니다. 부인하는 것 중 최고의 방법은 완전히 무시하는 겁니다. 관심을 주지 않으면 시들고 죽습니다. 주의를 기울이면 다시 생명을 얻습니다. 어떤 것이 존재하지 않는다고 말하는 방식으로 그것을 사라지게 할 순 없습니다. 그렇게 부인하게 되면 오히려 더 강하게 인식하게 되면서 감각적 생생함을 줍니다. 진실이라고 인식한 것은 그것이 좋든 나쁘든 중간이든 여러분에게 진실이 됩니다.

교정용 가지치기 가위

여러분이 만약 이 교정용 가지치기 가위를 지혜롭게 매일 이용한다면 여러분의 능력을 벗어난 소망이란 존재하지 않는다는 것을 알게 될 거라 확신합니다. 말 그대로, 여러분의 능력을 넘어선 소망이란 없습니다. 뿐만 아니라 매일같이 이용한다면, 여러분 내부에서 그리스도의 정신을 불러일으킬 것이고, 이것은 여러분의 죄를 영원히 씻겨줄 것입니다.

이 가르침으로 죄지은 자들은 자유를 찾을 것이고 절대 다른 이를 비난하지 않을 것입니다.

[세상은 당신의 명령을 기다리고 있습니다]

http://cafe.naver.com/33neville
교정용 가지치기 가위를 실천하는 모임

서른세개의 계단 책들

세상은 당신의 명령을 기다리고 있습니다 (양장본) [네빌 고다드 지음]

네빌 고다드가 첫 책으로 냈던, [세상은 당신의 명령을 기다리고 있습니다. 원제 *At Your Command*]와 8개의 일반 강의를 묶어서 책으로 출간했다. 마음의 법칙 전반을 다루고 있다.

네빌 고다드의 부활 [네빌 고다드 지음]

네빌 고다드의 7권의 책을 한권으로 묶었다. 그의 강의를 들었던 청중들이 보내준 많은 경험담과 '현현의 법칙'에 대한 원리를 자세하게 기술하고 있다.

믿음으로 걸어라 (양장본) [네빌 고다드 지음]

저자가 생전 중요하게 여겼던 성경의 구절들을 하나씩 풀이하여 엮었다. 마치 시처럼 한 문장 한 문장이 영혼에 닿는 듯, 읽는 이로 하여금 깊은 울림을 준다.

당신 안의 평화 (양장본) [조셉 머피 지음]

잠재의식의 힘으로 유명한 조셉 머피의 작품으로 요한복음 전체를 강의했다. 누구나 한 번씩은 접하는 성경이지만 성경에 숨겨진 상징을 알지 못하면 그 의미를 깨닫기 힘들다. 이에 조셉 머피가 한 문장 한 문장 그 숨겨진 의미를 밝힌다.

모줌다, 왕국의 비밀 (양장본) [모줌다 지음]

그리스도의 참뜻을 알리기 위해 인도에서 온 영적스승 모줌다. 그가 전해주는 쉽고도 간결한 그리스도의 메시지를 한 권의 책으로 묶었다. 동양의 지혜와 그리스도의 메시지가 모줌다에 의해 밝혀진다.

네빌 고다드 라디오 강의 [네빌 고다드 지음]

네빌 고다드가 로스앤젤레스 라디오를 통해 강연했던 자료들과 1968년이후 강연을 모았다. 이전까지의 책들이 "법칙"에 치중했었다면 이 책은 "법칙"과 "약속"을 적절히 잘 혼합했다. "약속"은 마치 꽃이 피어나듯이 우리 인간 안의 완벽한 자아도 삶과 경험을 통해 완벽하게 피어난다는 내용을 담고 있다.

네빌링 [리그파(이상민) 지음]

저자가 네빌고다드의 강의를 읽고 삶에서 적용해본 것을 바탕으로 잠재의식과 상상의 법칙을 설명한다. 많은 실수를 고백하고, 그것으로 인해 새롭게 깨닫게 된 경험들을 기록했다.

클레멘트스톤의 절대 실패하지 않는 성공시스템 [클레멘트 스톤 지음]

무일푼에서 미국 50대 부자가 된 클레멘트 스톤의 자전적 기록이다. 그는 자신의 자수성가의 비밀을 상상과 믿음이라고 말한다. 세일즈에서 경영에서 어떻게 그 비밀을 사용했는지 보여주는 책이다.

마음의 과학 (양장본) [어니스트 홈즈 지음]

미국의 신사상운동을 주도했던 홈즈는 종교과학이라는 단체를 설립하고, 체계적으로 자신의 학생에게 형이상학을 가르쳤다. 그 교과서가 된 책이다. 그는 이 책을 통해 인간이 왜 소우주라고 불리는지에 대한 이론적인 설명을 바탕으로, 현실에서 원리를 이용하여 문제를 해결하는 실천적 방법을 제시한다.

상상의 힘 [네빌고다드 지음]

네빌고다드의 소책자, Awakened Imagnation과 Search와 그의 음성강의 THE UNALLOYED, THE POWER, FEEL AFTER HIM 세개를 한권으로 묶었다. 과연 상상은 힘을 갖고 있을까? 론다번, 조 바이틀리 등이 가장 존경하는 인물로 꼽았던 20세기 최고의 형이상학자인 네빌고다드의 강연을 통해 다시 한번 그 질문에 대한 해답을 찾아본다.

웨이아웃 [조셉 배너 지음]

1900년대 초중반 미국 영성계를 이끌었던 책이자, 엘비스 프레슬리를 비롯한 많은 이들이 꼽는 최고의 책이다. 이런 인기와 관심에도 불구하고 이 책의 저자란은 항상 "익명"으로 표기되어 있었다. 책에서 저자는 우리가 두려움과 문제를 신에게 맡긴다면 모든 문제를 해결할 수 있다고 주장한다.

양장_네빌고다드의 부활 [네빌 고다드 지음]

네빌고다드의 명저 7권을 한 권으로 묶은, 네빌고다드의 부활이 출간 15년을 맞이해 번역을 수정 보완하여 양장본으로 출간했다.

모줌다, 그리스도와의 대화 [모줌다 지음]

저자 모줌다(A. K. Mozumdar)는 동양의 심오한 영성과 기독교적 신앙을 독창적으로 결합하여, 인간 내면의 깊은 곳에 잠재된 힘을 끌어올리는 놀라운 비밀을 풀어낸다. 모줌다는 그리스도와의 상상 속 대화를 통해, 우리가 흔히 당연시하는 '한계를 넘어, 우리의 생각과 상상이 현실로 변할 수 있는 방법을 직접 체험한 이야기로 전달한다.

전제의 법칙 [네빌 고다드 지음]

네빌고다드의 대표서적으로 평가받는 책이다. "법칙"과 "약속"이라는 네빌고다드 강의의 두 축 중, 오직 "법칙"만을 다루고 있다. 상상력의 실제 사용법, 그리고 상상력을 잘 사용하기 위해 필수적인 집중력과 의식통제의 훈련 방법 등을 설명한다. 상상력이 현실을 창조한다는 믿음을 가지고 있지만 현실에 적용하는 것에 어려움을 겪고 있는 사람들에게 유용한 책이 될 것이다.

임모틀맨 [네빌 고다드 지음]

네빌고다드가 세상을 떠나기 직전의 강의들을 마가렛 부름 여사가 묶은 책이다. 책에서는 우리가 삶이란 꿈을 원하는 모습으로 꾸는 방법인 "법칙"과 삶이란 꿈을 꾸고 있는 우리 내부의 거대한 자아가 깨어나는 "약속"에 대해 설명한다. "법칙"은 일상을 살면서 많은 소망을 지니고 있는 우리에게 삶을 어떻게 하면 바꿀 수 있는지에 대해 가장 실용적이고 효과적인 방법을 제시하고, "약속"은 항상 가슴 속 깊은 곳에서 언뜻 언뜻 던져지는 삶에 대한 근원적인 질문들에 대한 하나의 영감을 준다.

리액트 [네빌 고다드 지음]

이 책은 네빌고다드가 반응에 중점을 두고 강의한 것을 묶은 것이다. 반응은 우리의 삶을 옭아매기도 하고, 반대로 우리의 삶에 자유를 줄 수도 있다. 이 책을 통해 우리는 반응을 관찰해서, 바꾸는 법을 배울 수 있다.

펴낸곳 서른세개의 계단

사색에만 빠진 철학은 삶과의 괴리를 만들고, 현실의 이익에만 눈을 돌린 자기계발은 삶의 의미를 잃고 방황하게 만듭니다. 그래서 실천적인 형이상학, 즉 현실에 도움이 되면서 삶의 의미를 명확하게 할 수 있는 책을 발간하고자 하는 것이 서른세개의 계단 출판사의 목표입니다. 계속 좋은 책을 발간하도록 노력하겠습니다.

나에 대한 관념이 나의 모든 것을 결정한다
네빌 고다드 5일간의 강의

2008년 4월 17일 초판 발행
2024년 11월 11일 개정양장판 15쇄 발행

지은이　네빌고다드
옮긴이　이상민
펴낸곳　서른세개의 계단 070.7538.0929
블로그　http://blog.naver.com/pathtolight
ISBN　978-89-97228-00-3

잘못된 책은 바꿔 드립니다.